PREPARA...
VAI!

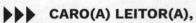

▶▶▶ **CARO(A) LEITOR(A),**
Queremos saber sua opinião sobre nossos livros.
Após a leitura, curta-nos no **facebook.com/editoragentebr**,
siga-nos no Twitter **@EditoraGente** e no Instagram
@editoragente e visite-nos no site **www.editoragente.com.br**.
Cadastre-se e contribua com sugestões, críticas ou elogios.

GUSTAVO BORGES

PREFÁCIO DE ROBERTO TRANJAN

PREPARA...
VAI!

7 competências para resultados duradouros no seu negócio

Gente
editora

Diretora
Rosely Boschini

Gerente Editorial Sênior
Rosângela de Araujo Pinheiro Barbosa

Editora Júnior
Rafaella Carrilho

Assistente Editorial
Bernardo Machado

Produção Gráfica
Fábio Esteves

Preparação
Algo Novo Editorial

Edição de Conteúdo
Joyce Moysés

Capa
Thiago Barros

Projeto Gráfico e Diagramação
Gisele Baptista de Oliveira

Revisão
Gleice Couto
Wélida Muniz

Impressão
Edições Loyola

Copyright © 2022 by Gustavo Borges
Todos os direitos desta edição
são reservados à Editora Gente.
Rua Natingui, 379 – Vila Madalena
São Paulo, SP – CEP 05443-000
Telefone: (11) 3670-2500
Site: www.editoragente.com.br
E-mail: gente@editoragente.com.br

Dados Internacionais de Catalogação na Publicação (CIP)
Angélica Ilacqua CRB-8/7057

Borges, Gustavo
    Prepara... vai! : 7 competências para resultados
duradouros no seu negócio / Gustavo Borges. - São Paulo :
Editora Gente, 2022.
    192 p.

ISBN 978-65-5544-261-8

1. Negócios 2. Sucesso nos negócios I. Título

22-4213   CDD 650.1

Índice para catálogo sistemático:
1. Negócios

NOTA DA PUBLISHER

Todo mundo já sabe: gerir negócios não é moleza. Então, ser empreendedor e realmente assumir essa alcunha, especialmente se for uma transição de carreira, demanda, acima de tudo, muita coragem.

Eu acredito verdadeiramente que todos podem – e devem! – empreender; com a orientação e dedicação certas, qualquer pessoa que deseja ser o próprio chefe e ter um negócio para chamar de seu é capaz de realizar esse sonho. E quando o assunto é empreendedorismo, dedicação e consistência, não há autoridade maior que Gustavo Borges. Atleta e medalhista olímpico conhecido no mundo todo, o empresário e autor é também referência na gestão, com a Metodologia Gustavo Borges, que forma uma rede de licenciados por todo o Brasil. Publicar *Prepara... vai!*, seu segundo livro com a Editora Gente, é motivo de orgulho para nós.

Aqui, querido leitor e leitora, você descobrirá que estudo contínuo e disciplina são fundamentais na hora de empreender, e Gustavo mostrará a você os caminhos para reiniciar o seu modelo mental e se tornar um gestor eficiente, com plena confiança em suas capacidades, não só na vida profissional, mas na pessoal também. Com uma escrita objetiva e material repleto de insights, garanto que sua leitura será produtiva e prazerosa. Boa jornada!

ROSELY BOSCHINI
CEO E PUBLISHER DA EDITORA GENTE

AGRADECIMENTOS ▶▶▶

Muito obrigado a todos que proporcionaram a chance de ter um livro como este, e que colaboraram direta ou indiretamente para que o projeto editorial ganhasse forma e valor. Em especial...

Aos meus pais, que me deram a melhor formação que poderiam para que eu me tornasse um profissional que busca sempre fazer melhor amanhã do que hoje nos negócios e na vida. Ressalto o amor pelo empreendedorismo do meu pai e os ensinamentos da minha mãe como fundamentais para que eu tivesse, mais tarde, tantas experiências boas como líder e gestor.

À minha esposa, Bárbara, pelo apoio incondicional e por acompanhar toda minha vida empreendedora, iniciada na mesma época em que nos casamos. E aos meus dois filhos, pelas trocas que temos – e que me alimentam – a respeito de realizar sonhos.

Aos mentores que tive, e vários estão referenciados ao longo dos capítulos. Eles: têm o meu reconhecimento e admiração pelos insights, reflexões e ferramentas de trabalho que incorporei com sucesso na gestão.

Aos meus sócios, clientes, colaboradores e amigos que caminharam comigo nesta construção de negócios promissores. Tenho o privilégio de receber a sua energia e de criarmos projetos para crescermos juntos.

Ao pessoal da Editora Gente, que me orientou ao longo do processo de escrita e de publicação, emprestando competência e dedicação editoriais para que este livro nascesse forte e saudável.

Às pessoas que prestigiam os conteúdos que compartilho nos canais digitais, palestras, entrevistas, congressos e demais eventos. Agradeço pelo seu interesse, seu tempo e seus comentários, pois me ajudaram na lapidação do conhecimento teórico e prático contido aqui.

Agradeço demais a você, que também tem paixão por negócios e está lendo esta e as próximas páginas. Minha gratidão por confiar nas contribuições que elas trazem para a prática da gestão com excelência e profissionalismo.

SUMÁRIO ▶▶▶

PREFÁCIO UM CAMPEÃO BEM PRÓXIMO **11**

INTRODUÇÃO A CHAMA ESTÁ ACESA **15**

CAPÍTULO 1 DESAFIOS INTENSOS COM
RESULTADOS "MEIA-BOCA"....................... **20**

CAPÍTULO 2 SEM GESTÃO, SEU NEGÓCIO
NÃO SE SUSTENTA **32**

CAPÍTULO 3 NÃO É SÓ FAZER:
DEVE SER BEM-FEITO **48**

CAPÍTULO 4 PENSE LÁ NA FRENTE,
ENTRE EM AÇÃO HOJE **64**

CAPÍTULO 5 TIRE UM APRENDIZADO DE TUDO........... **80**

CAPÍTULO 6	"ESTICA E FINALIZA" PARA SER PRODUTIVO	**88**
CAPÍTULO 7	PAIXÃO COMO COMBUSTÍVEL	**106**
CAPÍTULO 8	CERQUE-SE DE BOAS PESSOAS	**124**
CAPÍTULO 9	O SEU CLIENTE-ALVO TEM SEMPRE RAZÃO	**144**
CAPÍTULO 10	CONSISTÊNCIA: INGREDIENTE INDISPENSÁVEL PARA O RESULTADO	**162**
CAPÍTULO 11	CAIA NA ÁGUA E ENTREGUE TUDO	**176**
CONCLUSÃO	QUEM RECLAMA PERDE; QUEM AGRADECE GANHA	**185**

PREFÁCIO ▶▶▶

Um campeão bem próximo

Dezembro de 2011. Éramos cerca de duzentos líderes e empresários respirando o agradável ar ainda primaveril de Atibaia. O grupo, sob a minha condução, discutia sobre preocupações, problemas, queixas e medos que, de maneira contumaz, circundam a vida dos gestores nos mais variados ramos de atividade sob uma economia historicamente periclitante. Nada sabiam sobre o que os seus negócios enfrentariam no próximo ano novo. Menos ainda quanto ao que os aguardava na tarde daquele mesmo dia.

Preocupações, problemas, queixas e medos fazem parte do cotidiano dos gestores, mas as proporções mudam, a depender do contexto e do desafio. Como estávamos próximos do Natal, os participantes se dividiram em subgrupos para realizar, cada um deles, à tarde, um projeto de celebração natalícia em instituições de dependentes químicos, clínicas psiquiátricas, asilos de idosos e orfanatos, quase sempre esquecidos ou invisíveis para o resto da sociedade.

Segui com Gustavo Borges e mais oito líderes para Jarinu, munícipio próximo, rumo a uma delas. Nosso projeto previa uma experiência de comensalidade com adictos, seguida de uma prosa com o campeão. Pude observar, então, o quanto Gustavo é admirado e amado, não apenas naquele, mas também nos mais diferentes grupos sociais, econômicos, étnicos e afins. Sim, já sabia disso, quando o vi rodeado por professoras do ensino básico em outro projeto, em que promovemos uma festa para crianças da periferia de Atibaia. Nas duas situações, Gustavo sempre se

Prepara... vai!

mostrou disponível a todos, afável e generoso. O conjunto de qualidades é uma de suas marcas.

Aquela tarde, sem dúvida, foi o presente de Natal mais inesquecível para pessoas tão sofridas. Quanto aos líderes e empresários que participavam do encontro, as preocupações, problemas, queixas e medos vividos todos os dias, em suas empresas, tornaram-se menores.

Causas energizam e mobilizam. Em seu novo livro, Gustavo mostra a importância de ter uma causa, sem, contudo, deixá-la na categoria dos sonhos que não se realizam. Pragmático como todo bom atleta, ele sabe que entre a causa e a realização existe o método. E que deve ser posto em prática, quando se deseja o alto desempenho.

Gustavo é de múltiplas braçadas.

Como gestor, não se economiza e abre o jogo ao oferecer as braçadas da própria experiência incluindo vastas leituras sobre o que dá e o que não dá certo no mundo corporativo. Discorre sobre as atividades comuns aos gestores, como as de tomar decisões, gerir o tempo, eleger prioridades e conduzir o time.

Como empreendedor, compartilha as braçadas de seus acertos e desacertos em seus próprios negócios, sem medo de se mostrar vulnerável aos que o têm como referência.

Como líder, amplia a sua prosa ao tratar das braçadas nas complexas relações humanas, incluindo a assertividade nas conversas, o exercício da empatia e a prática dos valores virtuosos.

Como atleta campeão, reforça a importância da determinação e da disciplina para que o leitor busque consistência, na profissão, na carreira, no trabalho e na vida – sempre com braçadas vencedoras.

Como empresário, oferece o seu próprio exemplo ao assumir riscos e enfrentar empreitadas ousadas e criativas, como a de promover o Encontro Internacional de Natação.

Ler *Prepara... vai!* o é como o ter o campeão bem próximo, o tempo todo dizendo: vai lá e faz! Saber e não fazer é o mesmo que não saber. Por isso, ele chama para o desafio e oferece dicas para a efetiva mudança de hábitos e de condutas.

Das jaboticabas em Ituverava aos jogos olímpicos pelo mundo, as braçadas de Gustavo devem continuar, para a alegria de todos nós.

Prefácio

Finalizo compartilhando o que mais me encanta em Gustavo Borges: a de ser quem ele é em todos os seus papéis, incluindo o de amigo, mas certamente também o de filho, marido e pai.

Agora, caia na água e se entregue à leitura! O campeão segue com você, braçada por braçada.

ROBERTO TRANJAN
EDUCADOR, ESCRITOR, FUNDADOR DA METANOIA E
PRESIDENTE DO INSTITUTO ECONOMIA AO NATURAL

INTRODUÇÃO ▶▶▶

A chama está acesa

Prepara... vai! Estica e finaliza cada braçada! Com disciplina, organização, coragem, paixão, ação, consistência e tudo mais. Não, este livro não é sobre natação, embora você encontre muitas lições que meu time e eu aprendemos – e continuamos a aprender – dentro e fora das piscinas. Nossa conversa, aqui, será sobre negócios, visando implementar uma gestão bem-sucedida para você fazer acontecer no seu próprio empreendimento ou naquele em que trabalha.

A analogia com as braçadas é por serem o principal fundamento da natação, responsáveis pelo deslocamento do nadador na água. Quando bem executadas, levam a uma performance eficiente e a conquistas cada vez maiores. E muitos pilares dessa execução em busca da excelência são transportáveis para o seu dia a dia no trabalho, sendo líder ou liderado, empreendedor-raiz ou intraempreendedor, basta querer crescer com a empresa.

A ideia deste livro é que você dê "braçadas" que favoreçam a gestão de negócios de resultado, cabível a qualquer segmento. Para isso, conhecerá aprendizados teóricos e práticos em gestão, liderança, motivação e estratégia que o nosso grupo acumulou à frente de academias próprias e da Metodologia Gustavo Borges (MGB), que leva soluções aquáticas a empreendedores do setor e se consolidou como a maior rede de ensino de natação da América Latina. Além, é claro, de ensinamentos da minha evolução como atleta até os dias atuais, quando concilio todas essas frentes de negócios em mentorias e palestras motivacionais focadas em liderança educadora e temas correlatos.

Prepara... vai!

> **O meu lado medalhista olímpico já é bem conhecido. Nas próximas páginas, mostrarei que estudo contínuo, disciplina, domínio, estrutura, foco no resultado e dedicação com consistência caminham lado a lado também na gestão de negócios.**

Eu já tinha dentro de mim uma chama empreendedora quando morava em Ituverava, no interior paulista, onde comecei a praticar atividade física e a competir na base. Por muitos anos, observei meu pai empreender em seus negócios – desde administrar fazendas a tocar redes de concessionárias de carros e tratores –, e eu gostava. Estudei Economia enquanto era atleta e, quando me aposentei das competições em 2004, depois da Olimpíada de Atenas, senti que a chama do empreendedorismo se mantinha acesa dentro de mim. A valorização da educação e do esporte na criação que minhas irmãs e recebemos de nossos pais completava a tríade do destino que escolhi traçar. Afinal, filho de peixe...

No tempo das competições aquáticas, o corpo era o nosso principal ativo, era com ele que empreendíamos. A prática de esportes tem muitas semelhanças com o que se faz nos negócios, a diferença era sentir fisicamente aquela construção. Planejamento, objetivo, meta, autoliderança, gestão de equipe, patrocínio, marketing... tudo isso acontecia ao meu redor, com muito apoio, e me ajudou a cultivar uma mentalidade empreendedora. Se todo atleta buscar lá no fundinho da memória, verá que empreendeu. Se precisou transformar o corpo para ir mais longe, também fez o necessário todos os dias para o seu negócio decolar, concorda?

Os nadadores profissionais capricham nas braçadas mirando o objetivo final: a conquista de medalha. Entretanto, para ganhá-la, precisam superar uma série de classificatórias e chegar à final. Eu tive vários momentos vitoriosos na minha vida de atleta; e refletir sobre o que fiz para melhorar os resultados moldou um jeito, um método, uma maneira de continuar tendo conquistas nos empreendimentos atuais, com um propósito baseado nos valores do esporte e da educação.

Adquirir essa clareza ajudou muito na minha transição de carreira, quando precisei responder a mim mesmo: *o que eu faço agora?* Consigo transportar praticamente tudo o que aprendi na piscina e em casa para

A chama está acesa

o que faço hoje, como empreendedor e gestor de academias e da MGB, como líder de equipes de vários negócios, influenciador digital de apaixonados pelo esporte e de profissionais que querem entrar em ação e superar seus limites – e também como amigo, marido e pai.

Selecionei um conteúdo que marcou a minha jornada empreendedora bem-sucedida junto a sócios, parceiros, clientes, alunos e demais pessoas relacionadas ao meu trabalho. Eis uma pequena amostra do que você encontrará nestes onze capítulos. Para começar, nos capítulos 1 e 2, vamos falar do inevitável: os muitos desafios na gestão de um negócio, especialmente os que demandam mais tempo e esforço do que estamos conseguindo empregar. Se, às vezes, ao sentir insegurança, medo ou frustração, você paralisa e não consegue avançar, aumenta as chances de gerar um resultado "meia-boca".

Para retomar o fôlego, é preciso entender melhor as causas de ainda não estar comemorando conquistas maiores. Reconhecer que, sem gestão, o seu negócio não se sustenta. A virada de chave de um trabalho "meia-boca" para outro bem-feito começa a partir do Capítulo 3. Esse caminho precisa ficar mais claro, e você encontrará informações importantes para recolocar o seu negócio no trilho certo.

Do capítulo 4 ao 10, as páginas são dedicadas a sete grandes pilares de gestão, que são como braçadas capazes de impulsionar o seu resultado. Quando você alcançar o Capítulo 11, a expectativa é de que "caia na água e entregue tudo" e, para isso, apresento ainda três marcadores de sucesso que nosso time utiliza e que podem ser úteis para quem é – ou quer ser – gestor e para empreendedores, especialmente de pequenos e médios negócios, buscando novo posicionamento no mercado.

Ser agente de capacitação e de promoção do desenvolvimento de negócios faz parte da proposta deste livro, voltado aos profissionais não apenas de empreendimentos na área da natação. Eu converso com brasileiros de todos os estados, profissionais liberais, executivos e empreendedores; pessoas pensando em abrir ou expandir negócios; colaboradores querendo se desenvolver em seus empregos; líderes e gestores de maneira geral; estudantes e esportistas profissionais. Em suma: pessoas que querem fazer acontecer. E precisamos acreditar que elas podem mais, tanto quanto elas mesmas.

Disciplina, organização, coragem, paixão, ação, consistência e tudo mais.

A chama está acesa

Quem gosta de mitologia grega talvez conheça a história de Leandro e Hero. Leandro era um jovem destemido que atravessava a nado o estreito que ligava a Europa a Ásia todas as noites para ver sua amada. Guiava-se por uma tocha que ela acendia na torre. Em uma noite de tempestade, com o mar agitado e o vento apagando a tocha, ele faleceu, e ela se atirou ao mar para o mesmo destino. Por séculos, as pessoas consideraram impossível que alguém fizesse essa travessia, considerando tratar-se de uma lenda, até que Lord Byron, poeta e esportista, quis reconstruir a façanha de Leandro e atravessou a nado o estreito de Dardanelos (antigamente Helesponto) em uma hora e dez minutos, no ano de 1818.

Conto essa história para incentivar você a não permitir que alguém diga que aquilo que você almeja com o seu negócio é impossível. É possível conquistar o "impossível", mas dá trabalho. Leia-se: prepare-se ao máximo, não busque atalhos... Uma das coisas que fez toda a diferença para eu me tornar um empreendedor foi entender o caminho para o resultado e quais "braçadas" precisaria dar. Às vezes, os atletas empreendedores têm uma boa visão de futuro, precisando ganhar conhecimento em gestão e/ou outras habilidades, como liderança e comunicação nos meios digitais.

Vamos juntos desenvolver competências, pois o empreendedor mais completo é aquele com visão sistêmica do que precisa para crescer. Tudo bem não ter 15 mil pessoas o aplaudindo, nem o hino nacional tocando a cada excelente resultado que obtiver. Contribuir positivamente com suas equipes e seus clientes, e também com o seu mercado, com a sua comunidade, com o seu país e com as novas gerações é grandioso, é incrível! A principal dica aos atuais e futuros gestores é a mesma que dou aos esportistas: vá lá e faça!

Boa leitura!

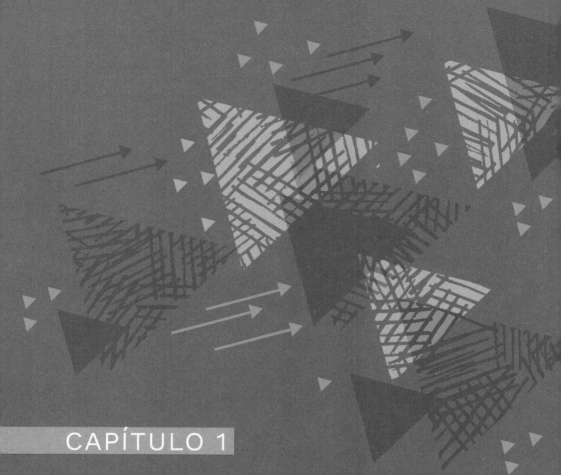

CAPÍTULO 1

Desafios intensos com resultados "meia-boca"

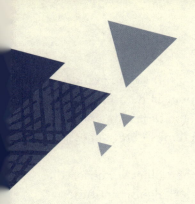

O empreendedor passa por muitos desafios na gestão do negócio, seja para desenvolver produtos, seja para liderar pessoas. Ele precisa dedicar tempo aos clientes e encantá-los com o que entrega. Precisa exercer uma boa comunicação com todos os stakeholders, ou partes envolvidas, como colaboradores, investidores e fornecedores, além de treinar equipes e engajá-las em um propósito forte. Precisa também analisar a parte financeira, acompanhando as vendas, e a fiscal, de olho nos impostos pesados. E por aí vai. A lista de desafios é gigantesca.

É fato que todos nós temos, hoje, muito mais informações sobre negócios do que tínhamos no passado. O acesso está na palma da nossa mão, em livros, sites, cursos e eventos on-line. Nem por isso os desafios ficaram menores. Porém, muitos entram em um negócio sem o conhecimento e as ferramentas necessários para desenrolar, um a um, os desafios conforme se apresentam.

As pessoas dão início ao empreendimento por sonho, oportunidade ou necessidade e se perguntam: *e agora, o que eu faço?* E quando os desafios começam a demandar níveis mais altos de tempo e esforço do que estão dispostos a empregar, surge um problema.

Quando eu era garoto, em Ituverava, minha primeira experiência empreendedora foi vender jabuticabas na rua. Colhia as frutas na jabuticabeira do vizinho, colocava-as em copos de plástico e pronto. Negociava o preço ali mesmo. Criei o empreendimento em um final de semana e logo o abandonei por não ter pretensão de vender jabuticabas como projeto de vida. Aquilo só me pareceu divertido por um momento.

Prepara... vai!

Por outro lado, quando comecei a nadar, tinha um sonho grande, que transformei em um objetivo igualmente grande: ir para os Jogos Olímpicos. Não sabia direito o que era isso nem como faria para chegar lá, mas eu queria essa conquista. E todos nós queremos obter sucesso na nossa jornada, certo?

Ao longo de todo o processo até alcançar o meu objetivo, absorvi aprendizados para a vida e compartilho logo um deles: algumas atitudes impactam muito o nosso sucesso no esporte e nos negócios, assim como a sua falta dificulta o progresso, e uma delas é fazer a jornada de maneira solitária. Salvo exceções, a maioria das pessoas ainda toma decisões sozinha, baseadas apenas nos desafios do dia a dia, aqueles que exigem soluções de emergência. Isso torna difícil construir uma visão do negócio sob uma perspectiva externa e mais ampla, dificulta o pensamento estratégico e a aplicação de algum método com resultados comprovados por aqueles que passaram pelos mesmos desafios que você.

Costumo comparar os negócios, nesse caso, com treinar um esporte sozinho ou em conjunto, em uma equipe. As vantagens da prática individual complementam as da prática coletiva e vice-versa. Por isso, são recomendadas as duas.

Muitos dos empreendedores que acessam os meus canais virtuais queixam-se da dificuldade para pensar em rede. Eles querem pertencer a algum grupo, mas continuam atuando sozinhos nessa empreitada. Como consequência, acabam não ousando e procrastinam várias decisões necessárias para saírem de um patamar estagnado ou ruim, como demitir ou contratar, falar e agir na hora certa, pedir feedback aos colaboradores, corrigir um sócio que é da família e fez besteira...

Quem passa por isso pode até não se dar conta, mas no fundo está fazendo algo "meia-boca", provavelmente pelo despreparo diante de tantos desafios que o negócio impõe. Pode ter um sonho ou uma ideia lucrativa, entretanto não tem as ferramentas necessárias para estruturar essa ambição como deveria. Com isso, desperdiça energia e foca a atenção em coisas sobre as quais não tem controle. Quanto mais faz isso, pior é o resultado.

Claro que não fui um exímio vendedor de jabuticabas. Uma das principais razões? Eu não tinha um plano! Era uma atividade improvisada

Desafios intensos com resultados "meia-boca"

e sem ambição. Meu resultado era consequência da falta de foco, por isso o fim não foi temido. Por outro lado, para aqueles que entraram em um empreendimento com ambição, com uma vontade genuína de crescer, mas seguem atingindo resultados "meia-boca", o sentimento que predomina é o de insegurança.

A insegurança toma conta

Muitos empreendedores ficam inseguros com o que pode acontecer com seus negócios e receosos da própria capacidade de solução, o que os impede de sair de algumas ciladas que interferem nas atividades do dia a dia – suas e dos seus colaboradores.

Para dar um exemplo, mentorei uma profissional que estava desanimada, com baixa energia e estímulo, e isso afetava a sua ação. Tinha parado até mesmo de dar feedbacks aos seus colaboradores, deixando o negócio caminhar de maneira aleatória, simplesmente observando o barco flutuar em vez de remar em uma direção planejada. Nessa toada, ela, ou qualquer um na ponta de um negócio com o mesmo problema, sentiu que havia perdido não apenas o controle, mas o sentido do próprio trabalho.

O perigo de nos deixarmos fragilizar dessa maneira é que, ao primeiro sinal de dificuldade, ou quando damos aquela cabeçada durante o processo, temos forte tendência a desistir. O sentimento de "isso não é para mim" fica evidente e traz uma insegurança crescente que nos impede de arriscar, de acreditar, de persistir. Afinal, a nossa atitude está abalada, em vez de estar focada em resultado.

Desenvolver competências de gestão não acontece da noite para o dia. E fica ainda mais difícil sem dedicação, sem informação confiável, sem estar junto de pessoas e ferramentas que deem suporte, ajudando a segurar as barras.

Muitas pessoas que buscam algum tipo de sucesso param nos primeiros desafios ou decepções, vencidas pela insegurança. Se você já passou ou passa por isso, sabe muito bem que essa sensação é péssima – e é assim com qualquer profissional, ainda mais os da liderança, que precisam dar o norte. A insegurança consome, aos poucos, a energia e a motivação necessárias para seguir em frente na busca de objetivos e sonhos.

As vantagens da **prática individual** complementam as da **prática coletiva** e vice-versa. Por isso, são recomendadas as duas.

Desafios intensos com resultados "meia-boca"

Quando sentimos falta de energia, ficamos no "mais ou menos". Aquele discurso "Pelo menos eu tentei" revela uma atitude "meia-boca" de quem desistiu perante um desafio, em vez de tentar ultrapassá-lo.

Certa vez, uma cliente me disse que estava tão cansada e sem energia que precisou "ligar para o 'disque-entulho' para tirá-la da cama". De um jeito bem-humorado, ela transmitia uma mensagem de vulnerabilidade que não pode passar despercebida. Chegou ao ponto de considerar-se um entulho, tamanha a falta de energia, ou seja, por não estar com o pique de que o seu negócio e o seu time necessitavam. Em uma situação dessas, não buscar ajuda com o "disque-entulho" pode complicar ainda mais, e o resultado vai ladeira abaixo.

É por isso que a questão do pertencimento, do coletivo, merece atenção. O isolamento só reforça o sentimento de insegurança. Não fazer parte de uma tribo, com semelhantes no que diz respeito a objetivos e propósitos, trocando experiências e estímulos, fomenta a insegurança e vários medos.

Medo de que exatamente?

Somos seres humanos, e sentir medo é natural. Medo de ganhar, de perder, de dar certo, de dar errado, de conquistar, de fracassar, de barata… O problema é quando esse sentimento turbina ainda mais a insegurança e suga de vez a nossa energia. Repare: quando sentimos medo, ficamos divididos entre fazer ou não fazer, titubeando na hora H e mantendo o resultado "meia-boca".

Uma pesquisa realizada com cerca de mil empreendedores estadunidenses mostrou que um terço deles acreditava ser mais assustador começar um negócio do que saltar de paraquedas. Esse levantamento da Wakefield Research[1] reforça que muitas pessoas sabem que empreender não é desafio fácil. Entre os principais medos apontados na

---

[1] ABRAMS, R. For some, starting a business is scarier than skydiving. **USA Today**, 25 abr. 2014. Disponível em: https://www.usatoday.com/story/money/columnist/abrams/2014/04/25/small-business-barriers-to-starting/8075831/. Acesso em: 8 abr. 2022.

Prepara... vai!

pesquisa estão: faltar dinheiro (66% das respostas), faltar conhecimento em relação ao que fazer primeiro (49%), perceber que a sua ideia não era tão boa (21%), não ter tempo o suficiente (21%) e fracassar (20%).

Sendo racional, não caberia comparar o medo de saltar de paraquedas com o de empreender, porque são duas empreitadas completamente diferentes. Entretanto, hoje em dia, lidamos com tudo junto e misturado. Por isso, para quem busca coragem para empreender, fica mais difícil – mas também mais necessário – ter discernimento e focar o que quer, o que sente e a sua evolução. O primeiro passo para isso é refletir: *tenho medo exatamente do quê? De dar certo ou de dar errado e do que isso pode causar na minha vida? De ficar mais triste ou mais feliz com o resultado? De não alcançar o que quero para a minha família e para mim mesmo? Nenhuma dessas alternativas?*

Sinceramente, acredito que todos esses elementos afligem as pessoas que desejam empreender – e com intensidades e efeitos diversos. Podem desafiar alguns a avançarem *apesar do* medo e, ao mesmo tempo, prejudicar outros a ponto de bloquear a sua capacidade de construção e de querer chegar a algum lugar. É preciso se observar.

Percebo, no meu relacionamento com clientes, vários medos bem particulares, mas o que parece mais afligi-los é a insegurança para fazer acontecer, para dar conta do recado. Também são comuns os medos de não pertencer a um grupo, de não estar em dia com o conhecimento e as competências para gerir bem o seu negócio. E, para ajudá-los, propomos uma metodologia com planos que não sejam "capengas".

Planos capengas afundam a performance

Nem sempre está claro para o empreendedor aonde ele quer chegar. Às vezes, ele está há quinze ou vinte anos naquele negócio sem nem mais saber o que está fazendo. Busca informações nas fontes erradas e sente-se como uma máquina emperrada, que deixou de se desenvolver como profissional e gestor.

Acima de tudo, esse empreendedor não está pensando como alguém de alta performance. E se você se vê nessa situação, como pretende liderar

Desafios intensos com resultados "meia-boca"

um time que se desafie a dar o melhor de si? As pessoas querem líderes que sobem o sarrafo da produtividade, contagiando-as com a sua energia. Se você está à frente do seu negócio sem essa motivação, vai se dar mal e ainda prejudicar todos aqueles que dependem desse combustível.

Eu encontro frequentemente esse problema nos gestores quando questiono os meus clientes: "O que você faz no seu trabalho?". Acendo uma luz amarela quando as repostas giram em torno de: "De manhã, eu me reúno com a equipe e, à tarde, resolvo só pepinos e abacaxis". O que mais? "Não sobra tempo para mais nada". Sem perceber, eles estão às voltas com uma "quitanda" de problemas, e isso contribui para se sentirem improdutivos. Não sabem mais o que estão fazendo ali, para que e por quê.

Em outras palavras: quem vive essa rotina não consegue ter uma noção mais ampla e estratégica do próprio papel, de qual trabalho deve desempenhar, do que precisa fazer em termos de desenvolvimento para pensar, agir e produzir em alta performance. Nesse cenário, eu pergunto:

Quer que seu negócio traga lucratividade? Um resultado operacional positivo? Se atualmente conta com um plano capenga por estar sozinho, sem estrutura, com propósito fraco e baixa consistência na execução, como pretende fazer isso?

Não ter controle dos desafios não divide apenas a energia, mas também a capacidade de produção e de progresso. A sensação é de imitar os bombeiros ao passar o dia apagando incêndios. A maioria das pessoas não tem nem tempo de pensar em estratégias. Elas se batem tanto na "quitanda" de dificuldades operacionais que é impensável chegar à estratégia e criar táticas para atingir metas específicas por meio de um plano de alta performance.

Um grande problema dos gestores é não conseguir pensar estrategicamente sobre o que é importante, para onde ir, no que investir e o que não fazer… Estourou a bomba de calor? Eu corrijo. Perdi um colaborador? Contrato outro. Não há um pensamento sistêmico porque eles sempre ocupam seu precioso tempo girando vários pratos simultaneamente, temendo que algum(ns) espatife(m) no chão.

Prepara... vai!

Intenção não basta
e atrai frustração

Diante desse desafio de descobrir como equilibrar os vários "pratos", quem quer empreender não necessariamente está disposto aos sacrifícios de fazer um trabalho bem-feito. Há os que pensam que ser empresário significa apenas ganhar muito dinheiro, e rápido ("Eu preciso montar um negócio para ter liberdade financeira e tempo para fazer o que eu quiser"). Não entendem que são eles mesmos os motores propulsores do negócio no tripé operação, táticas e estratégia.

Quantos negócios quebram em decorrência disso?! A realidade é muito diferente dos discursos simplistas – e a prática demonstra. O IBGE deu uma noção disso quando reuniu números, até o ano de 2019, em sua pesquisa Demografia das Empresas e Estatísticas do Empreendedorismo, revelando que menos de 40% das empresas criadas no Brasil conseguem sobreviver após cinco anos de atividades.[2]

Vivo dizendo que a intenção de montar o próprio negócio ou agir com atitude empreendedora no seu emprego é superbacana, nota mil. Mas quando você cai para dentro e se depara com todos os desafios e obstáculos, não pode querer driblar as situações-problema, apesar de algumas serem maiores do que gostaríamos, por exemplo a carga tributária da folha de pagamentos, que pode surpreender e complicar a vida de gestores despreparados.

E quanto "menor" você é, menos recursos tem – embora possa vencer toda e qualquer adversidade (caso contrário, só ganhariam as provas de natação os competidores da melhor raia, a 4). Sendo realista, tudo é menos para o microempresário, e daí vários vão para a informalidade, para a barriga no balcão, e se enfurnam no operacional sem força nem tempo para respirar. Quando acordam, estão com 60 anos, levaram essa vida por quatro décadas e agora não sabem o que fazer.

---

2 VIECELI, L. Menos de 40% das empresas nascidas no Brasil sobrevivem após cinco anos. **Folha de S.Paulo**, 22 out 2021. Disponível em: https://www1.folha.uol.com.br/mercado/2021/10/menos-de-40-das-empresas-nascidas-no-brasil-sobrevivem-apos-cinco-anos.shtml. Acesso em: 4 jul. 2022.

Nem sempre está claro para o empreendedor aonde ele quer chegar.

Prepara... vai!

Uns não sabem por onde começar uma boa gestão para progredir. Outros acham que fazem tudo certo, quando na verdade estão sendo genéricos em seus objetivos e ainda focados na intenção de que "Deus ajuda quem cedo madruga". Então lhe pergunto: **o que você vai *fazer hoje* para evoluir no seu negócio?**

As respostas que costumo receber para essa pergunta são: "Eu vou tentar colocar um tempo na minha agenda para fazer alguma coisa importante", "Na semana que vem, quem sabe?!". Perceba que o verbo sempre reforça uma intenção que não é de fato de ação. Se fosse, seria, por exemplo: "Coloquei na minha agenda que amanhã eu vou fazer isso", "Eu vou chamar uma pessoa hoje mesmo para conversar sobre como evoluir nessa questão".

Quando não são procrastinações, imperam os planos mirabolantes: "Para melhorar minha energia no trabalho, vou malhar todos os dias". Realmente, exercício físico aumenta a energia e impacta a motivação, liderança, criatividade; contagia a equipe, que eleva a produtividade, e todos alcançam melhor resultado operacional no fim do mês. Só que... ao se comprometer a malhar todos os dias a fim de obter o rendimento de alta performance, é importante sair da intenção generalista e desconectada da realidade. Como?

"Você vai conseguir malhar também em todos os fins de semana?"

"Ah, não. Sábado e domingo, não."

"Então, já limou seu compromisso e seu sacrifício de fazer todos os dias."

De modo geral, as pessoas sentem dificuldade em estabelecer uma ação específica e eficiente diante de determinada situação. A insegurança nubla a clareza. Podem até acreditar em si mesmas, mas, sem perceber, carregam a falsa impressão de que, por serem bem-intencionadas, automaticamente terão bons resultados.

E daí pulamos a clareza e queremos chegar logo à produtividade, porque muitos acham que produzir relaciona-se apenas com quantidade de horas de trabalho. Se fosse assim, todo mundo trabalharia insanamente e entraria para o "clube" do Jeff Bezos, fundador da Amazon. E não é isso que acontece, é preciso progresso.

Há também um grupo de pessoas que até querem vencer os desafios, sabem da necessidade de um processo, mas não entendem como

Desafios intensos com resultados "meia-boca"

estruturá-lo. Por isso, inventam moda colocando em prática um monte de planos dos quais ouviram falar, sem realizar nenhum de maneira estruturada. Isso gera uma frustração tremenda, reforçando o sentimento de perdedor, de fracassado, por querer demais aquilo e não conseguir. Então fortifica a insegurança, e o ciclo se repete.

Perceber-se como um campeão ou um perdedor é um sentimento que vem de dentro. Encarar os desafios de empreender e conseguir chegar mais longe e mais rápido à excelência é uma conquista. No próximo capítulo, vou explicar melhor as causas de você ainda não estar comemorando conquistas maiores. Você vai entender por que, sem gestão, o seu negócio não se sustenta.

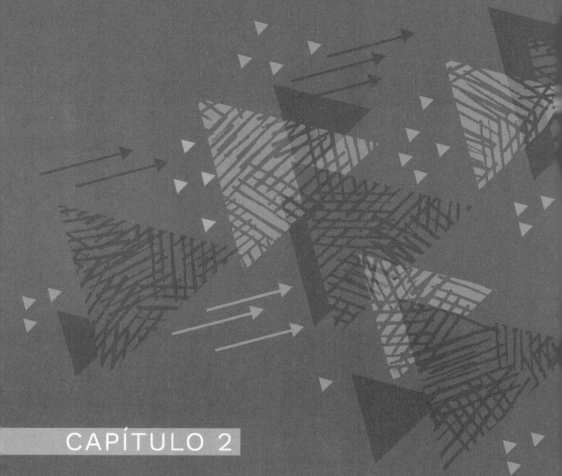

CAPÍTULO 2

Sem gestão, seu negócio não se sustenta

Muitos negócios hoje batem na trave dos resultados por causa das dificuldades que nós, empreendedores, enfrentamos no dia a dia. Quem nunca se sentiu desmotivado e com baixa energia? Quem nunca duvidou de que pudesse fazer suas ideias deslancharem? Lembra-se do dia em que não acreditou em si como "o cabeça", "o cérebro" do negócio?

Quero deixar claro que está tudo bem se isso acontecer. Só não podemos permanecer nessa situação insegura e instável à frente do nosso patrimônio. É uma batalha corajosa buscar resultado diariamente, levar o negócio adiante, atingir os objetivos traçados, defender os colaboradores, satisfazer os clientes e lucrar o merecido. Isso cria tamanha pressão que, às vezes, ficamos um tanto receosos da nossa capacidade: *será mesmo que eu consigo?*

É nesse momento que precisamos nos superar. Eu estou sempre tentando trazer motivação, inspiração e informação aos empreendedores para que trabalhem em alta performance com seu time. Mas eu sei que muitas vezes não estamos 100%, e o que sobra é o autoquestionamento sobre como transformar a nossa vida e os negócios. Vou lhe contar brevemente duas histórias aquáticas nas quais esse sentimento me gerou resultados "meia-boca".

Em 1992, a minha estreia olímpica se revelou um fracasso. Eu embarquei para Barcelona achando que voltaria com duas medalhas, mas dormi mal, pensei em todos os fatores que não podia controlar e, quando caí na piscina para fazer o que realmente precisava fazer, eu não estava lá. Eu me concentrei bem mais nas coisas ruins que poderiam acontecer – o que me deixou inseguro – do que nas boas, no resultado positivo. Sendo assim, tive um mau resultado na primeira prova, dos 200 metros livre.

Prepara... vai!

Também não fui muito bem em 1999, nos Jogos Pan-Americanos de Winnipeg, no Canadá. Eu já era bom, tinha resultado: dez medalhas panamericanas, três olímpicas, recordes mundiais. Não vejo problema nenhum em verbalizar que somos bons, em nos valorizarmos, desde que a soberba e a prepotência não subam para a cabeça. Ser bom em algo e dizer isso traz confiança.

Naquela competição de 1999, eu não estava soberbo nem prepotente, mas me sentia inseguro. Participava pela terceira vez desse campeonato, o que aumentava a pressão. Olhava para o meu principal concorrente e amigo, Fernando Scherer, o Xuxa, e pensava: *o cara está bem*. De fato, ele exalava confiança e mostrou a que veio na prova daquela manhã.

Na hora do almoço, ele era campeão, e eu, vice. Foi muito ruim pensar que eu não estava muito bem, me deparar com um competidor muito bom e deduzir que não conseguiria ganhar dele. Praticamente decretei o nosso futuro. Fiz as contas mentalmente: *na parte da tarde, eu só teria mais duas medalhas para disputar, não três.*

Almocei já um pouco abalado, descansei em seguida. Quando me apresentei para a final, ainda no aquecimento me preocupei também com o argentino da raia 5. Conclusão: fui dormir como forte candidato a campeão panamericano, almocei como vice e cheguei para nadar na final prevendo ficar em terceiro lugar nos 100 metros nado livre – antes mesmo de pular na piscina para fazer o meu trabalho bem-feito.

Você percebe que eu desenhei esse terceiro lugar para mim? Eu me preparei para o resultado negativo, para o "meia-boca", para dar errado. Com insegurança, com receio, olhando para o lado e achando que meus concorrentes estavam muito bem. Enquanto duvidava da minha performance, valorizei mais os adversários pelo que eu via externamente, em vez de focar o meu interior.

> **Quando isso acontece, você se preocupa muito mais com o que está fora do que com o que está dentro do seu quadrado, no seu controle. Dissipa sua energia, a sua confiança, e para de pensar nas coisas que realmente importam. Acaba se distraindo e gasta mais energia que o necessário.**

Sem gestão, seu negócio não se sustenta

Você tem muitas coisas para fazer pelo seu negócio se quiser vencer as batalhas diárias de empreender. Mas, se ficar se vitimando para receber colo em vez de correr atrás de soluções estruturadas, não vai avançar. Se pensamos no fracasso e nos rendemos à insegurança, o que acontece? Você alcança o "sucesso" exatamente naquilo que não quer, ou seja, no fracasso.

Imagine ter 100% de sucesso em não conseguir. Não dá, não é assim, ninguém quer isso. O que queremos é ter sucesso no sucesso, por isso, o trabalho "meia-boca" precisa acabar. Ressalto: nem sempre o empreendedor tem a consciência de que realiza um trabalho "meia--boca". Argumenta que está fazendo "do jeito que dá" por não ter a estrutura necessária e, para ele, aquilo torna-se o normal. Mas, pela análise de quem está fora, infelizmente é "meia-boca", sim.

Ciladas que deixam as braçadas fracas

A sua intenção é a melhor possível. Você quer fazer a diferença e coloca esforço com a sua equipe para acertar, porém todo esse gasto de tempo e energia não vem gerando o resultado desejado. Por que continuar assim?

Neste capítulo, gostaria de aprofundar as causas mais comuns desse desequilíbrio no dia a dia, responsáveis por deixar suas braçadas mais fracas que as de seus concorrentes. A começar pelo comportamento que eu mais percebo nos empreendedores: encostar a barriga no balcão, seguir fazendo mais do mesmo e achar que dá certo desse jeito porque "sempre foi assim".

Por estar sozinho na liderança do negócio, esse perfil não tem todas as respostas que deseja e, assim, não melhora seus rendimentos. Muitas vezes, esse profissional até quer mudar, mas não tem as ferramentas necessárias ou acaba caindo nas mais diversas ciladas. Veja se você se identifica com alguma das que eu apresento a seguir:

- **Situação cilada 1: Protelar problemas, sem perceber que eles crescem.** Como, ao ver um funcionário chegar atrasado, em vez de conversar e pedir uma explicação, por tratar-se de um bom colaborador, esperar acumular o erro para corrigir a situação. É cilada pensar: *eu estou vendo que fulano chegou atrasado hoje, mas não vou falar nada; quero só ver se ele vai pisar na bola de novo*. Se a situação se repete uma, duas ou quatro vezes, o bom funcionário é demitido e você precisa contratar e treinar outro.

- **Situação cilada 2: Não ter o entendimento de que a participação, o comprometimento e a entrega precisam estar alinhados, caminhar juntos.** Quando simplesmente deixam as coisas acontecerem sem intervir. É cilada pensar *faça o que eu falo e toca o barco* sem que haja diálogo, conversa, contribuição de todos com ideias e envolvimento nas ações, a fim de entregarem sempre um pouco mais.

- **Situação cilada 3: Achar que já chegou lá e que não vai falhar.** Em *O livro de ouro da liderança*,[3] o escritor estadunidense John C. Maxwell nos alerta para o pensamento equivocado *eu já sei como isso funciona*, daqueles que acreditam que já alcançaram o topo e, pior ainda, que nunca vão falhar. Isso acontece aos montes. Maxwell lembra que todos nós somos eternos aprendizes, precisamos sempre desenvolver novas habilidades e ajudar mais pessoas a se desenvolverem também. Do contrário, caímos na cilada da soberba de que já sabemos, pois já fizemos, e travamos inovações necessárias ao negócio. Com o tempo, ficamos desatualizados, perdidos, presos aos problemas e nos afundamos mais e mais naquilo que sabemos, sem enxergarmos além.

Ciladas como essas ocorrem todos os dias com donos de negócios variados. Além delas, há também outras questões específicas sobre as quais os empreendedores devem prestar enorme atenção, pois causam inseguranças e outras complicações. Vou selecionar as que considero mais relevantes.

---

3 MAXWELL, J. **O livro de ouro da liderança**. São Paulo: Thomas Nelson Brasil, 2014.

Ser bom em algo e dizer isso traz confiança.

Prepara... vai!

Técnicos e especialistas sem reforços

Muitos empreendedores são técnicos, especialistas em uma área, que escolheram exercer a sua profissão longe dos empregos com carteira assinada e dos concursos públicos. É o caso de professores de educação física que abrem academias, dentistas e médicos que inauguram clínicas, arquitetos que montam escritórios e muitos outros. Geralmente, esses profissionais se lançam no mundo dos negócios próprios apostando apenas no conhecimento acumulado na sua área de atuação, mas sem possuir as competências adequadas, o preparo e as ferramentas necessárias, sobretudo no que diz respeito à gestão – o que se revela o principal desafio.

Ao apegar-se apenas ao seu *know-how* técnico, sem que ganhe consciência plena do papel de gestor, os riscos de o negócio quebrar são grandes. É preciso levantar a cabeça, "tirando o nariz para fora da água", e buscar conhecimentos de liderança e gestão, tomando ciência do que precisa ser desenvolvido por ele, seus sócios e colaboradores, além de definir os próximos passos de todos. Entretanto, grande parte dos especialistas fecha-se no seu porto seguro, que é o seu conhecimento técnico, e tem muita dificuldade de sair dele.

Por prepotência ou desconhecimento, muitos resistem a buscar ajuda com um método, uma mentoria, um coach, um sistema operacional integrado, mesmo reconhecendo que sejam estratégias úteis para decolar em qualquer profissão, em qualquer área. E não se trata apenas de aprender sobre gestão, mas também contratar colaboradores com conhecimentos complementares ou investir no desenvolvimento de determinada área no negócio, que pode ser a comercial, a jurídica, a de recursos humanos etc.

> **Empreender tem a ver com sonho, podendo tornar-se uma frustração se não for construído sobre bases sólidas de gestão. E isso exige, além de determinação, um olhar mais amplo da operação. Entretanto, nem todos os bons empreendedores se revelam bons empresários.**

O que muitas vezes acontece com empreendedores que dominam somente o seu ofício (lecionar, cuidar da saúde, criar móveis, consertar

Sem gestão, seu negócio não se sustenta

carros etc.) é que o negócio sofre. Isso porque, quando desafios não técnicos aparecem, exigindo habilidades emocionais e comportamentais (as chamadas *soft skills,* como criatividade, liderança e empatia), o processo de tomada de decisão é prejudicado pela falta de estratégia e de pensamento sistêmico (mais amplo, do todo) do negócio.

Sem o segundo, fica difícil perceber, por exemplo, quando é *você* que está causando um problema, e não os outros. Empreendedores reclamam que gostariam que seu time tivesse mais iniciativa. Mas será que eles próprios estão criando um ambiente interno propício a essa proatividade que desejam? Se não querem que seus colaboradores sejam meros executores, esses empreendedores precisam construir e disseminar proatividade, liderando o trabalho em equipe e sabendo dar espaço para a autonomia. Também fica difícil para o gestor que está sozinho em campo ter uma estratégia eficiente para o negócio, pois ela depende tanto da visão mais ampla, do todo, quanto do engajamento do time. Sem esse alinhamento, não se consegue prosperar.

Um ótimo profissional talvez se realize concentrando toda a sua energia naquilo que domina e que é o seu diferencial. Nesse caso, ele precisa trazer colaboradores, parceiros ou sócios para tocar os vários desafios de gestão, a fim de compensar o seu despreparo para tarefas específicas; mas isso nem sempre acontece. Em empresas familiares, esse déficit é muito comum.

Não valorização dos pequenos negócios

Não deveria ser assim, mas um contingente grande de empreendedores que abre micro, pequenas (MPEs) e até médias empresas ainda está inserido em um empreendimento muitas vezes com pé na informalidade. Isso dificulta realizar uma gestão profissional, com estratégia e táticas convergentes. Não é só no Brasil que isso acontece, mas no mundo inteiro, causando grandes problemas de administração.

Precisamos chegar ao nível de incentivos de países que proporcionam uma visão objetiva de negócio ou maior simplicidade na maneira de gerir (com menos burocracias e carga de impostos, principalmente). Como todos nós sabemos, a não valorização dos empreendedores no Brasil é gigantesca e histórica, mesmo com tantas análises provando

Prepara... vai!

que são os grandes responsáveis pela maior parte dos empregos. Para citar uma pesquisa do Sebrae:[4] mais de 70% das vagas abertas no ano de 2021, com carteira assinada, foram de MPEs, o equivalente a 1,9 milhão de um total de 2,7 milhões.

Quando os índices de desemprego vão à estratosfera, são necessárias políticas públicas, mas não devemos nos esquecer de melhorar o apoio aos que movimentam o país com seus negócios. Eu conheço um pouco da realidade nos Estados Unidos por ter treinado e me graduado em Economia lá, e percebo que os estadunidenses estão mais avançados nessa questão. Mesmo quando é um negócio familiar (e muitos pequenos negócios no Brasil também são tocados por familiares), eles o fazem com muita objetividade e buscam informações para entender os vários desafios – além de contarem com facilidades (como um sistema menos burocrático).

Pouca educação empreendedora

Em qualquer setor, o investimento em educação empreendedora ainda é pequeno, restrito, pouco disseminado. Começa a engatinhar nas escolas e faculdades, está pipocando na internet (apesar de nem todo esse conteúdo on-line vir de fontes confiáveis), mas falta um investimento mais robusto em conhecimento nas variadas áreas de um negócio que precisam ser profissionalizadas, tanto para o dono quanto para os colaboradores, com o objetivo de que desenvolvam atitudes empreendedoras para o seu aprimoramento individual e coletivo.

Empreendedores são inquietos, querem fazer diferente, participando e cocriando em negócios estabelecidos ou fundando o próprio. Não tem a ver com cargo, mas com uma mentalidade que norteia o comportamento. Quando contratam um colaborador e dizem "agora você vai empreender aqui dentro", estão propondo que sejam intraempreendedores. Ou seja, incentivam a mentalidade de inovar e trazer maior crescimento e lucro para aquele negócio já estabelecido, como se fosse dele. O aprendizado desse colaborador será importante para a

---

4 MICRO e pequenas empresas na geração de empregos. **Sebrae**, 1 fev. 2022. Disponível em: https://www.sebrae-sc.com.br/observatorio/alerta/micro-e-pequenas-empresas-lideram-a-geracao-de-empregos#:~:text=Pesquisa%20realizada%20com%20base %20em,Confira!. Acesso em: 17 abr. 2022.

Sem gestão, seu negócio não se sustenta

empresa e para si, para sua empregabilidade e para, futuramente, abrir algo próprio, se quiser.

Ou seja, a ideia é que ele esteja sempre desenvolvendo novos conhecimentos e habilidades, além do que é exigido para sua função no presente, participando mais ativamente do desenvolvimento geral do negócio. Assim, estará mais preparado caso desperte aquela vontade de empreender em algo seu no futuro. Todos ganham dessa maneira: o profissional, o negócio, a cadeia – e olha que ela é muito dura no setor em que atuo! A profissão de educador físico é pouco valorizada, o que é uma das dificuldades.

Sem mentalidade e atitudes empreendedoras, fica mais difícil crescer. Portanto, investir em desenvolvimento é essencial, e não deve ficar a cargo somente dos proprietários. Seja das academias e escolas, seja de qualquer outro tipo de negócio.

Enquanto eu choro as minhas pitangas no setor de educação física, muitos leitores certamente estão chorando as suas em diversos outros. Até em serviços de engenharia ou medicina encontramos problemas causados pela baixa educação empreendedora. Na área da educação, então, esse *gap* está na base – e com o agravante de os professores serem uma classe que trabalha muitas horas para ganhar baixos salários.

O que eu gostaria? Que os professores de educação física empregados também tivessem esse alicerce na sua formação, para pensarem em empreendimentos, em gestão de negócios, porque um dia poderão concretizar o sonho de comandar o seu. O mesmo com fisioterapeutas atuando em hospitais, com nutricionistas na indústria alimentícia, com engenheiros em uma construtora. Enquanto alguns caem no vitimismo pelo fato de o tempo e a remuneração serem apertados, outros dão um jeito de aumentar seu conhecimento, criar diferenciais, enxergar o todo. Enquanto alguns gastam o pouco que sobra com baladas, outros aplicam tudo o que têm na própria formação. É uma questão de prioridade e construção de futuro.

Quando um dentista abre uma clínica, ou um personal trainer abre uma academia, por exemplo, é comum levarem um susto com tantas tarefas não relacionadas ao seu ofício e que precisam abraçar. Muitos se dão bem, muitos passam sufocos. De qualquer maneira, é preciso querer aprender e se cercar de pessoas que os ajudem, que já estudaram

Prepara... vai!

o assunto, que já passaram pelos mesmos desafios, que criaram soluções que valem a pena.

Por que esse dentista e esse personal trainer não investem nesse conhecimento, aprendendo o máximo possível sobre gestão de negócios para depois transmitir ao seu time? Afinal, esse conhecimento deve ser aproveitado e compartilhado, visando a construção de um empreendimento forte. Se eu invisto no meu time, posso esperar que eles pensem e ajam como donos e me entreguem mais. Do contrário, desperdiço a melhor maneira de alcançar resultado e estou jogando dinheiro fora por não desenvolver as pessoas, permitindo um "estica e puxa" de cobranças desgastantes, com riscos de a corda do relacionamento líder-liderados arrebentar.

Perda de tempo e de foco

A má gestão de tempo impede quem empreende de resolver tudo o que precisa ser resolvido, o que causa ansiedade e pouca produtividade e alimenta um círculo vicioso. A dificuldade em definir prioridades acarreta uma agenda desgovernada, completamente sem foco, e a frustração que advém disso se converte em obstáculos para o crescimento. Soma-se a isso a falta de disciplina, e o resultado é uma completa estagnação.

Há quem queira desafiar o tempo querendo estar à frente de tudo, desde a venda e entrega, controle do caixa e dos pagamentos, até o contato com o público, respondendo às dúvidas dos clientes e muito mais. Porém, somente olhar a caixa postal de e-mails e as mensagens recebidas nas redes sociais já toma quase o dia todo, não é mesmo? Empreender nos obriga a montar uma equipe, por menor que seja no início, e delegar tarefas de modo a passar da posição de fazedor para orientador, e para isso é necessário aprender por meio de técnicas de gestão de pessoas e de processos.

> **É preciso incorporar o mindset de líder, ou seja, um modelo mental contendo elementos fundamentais, como boa comunicação, motivação, dedicação, confiança, preocupação com as pessoas, inteligência emocional e foco no que o seu negócio necessita. Você está pronto para reiniciar o seu modelo mental?**

Você está pronto para reiniciar o seu modelo mental?

Prepara... vai!

Uma questão mais subjetiva que interfere nesse mindset é olhar para o desenvolvimento pessoal do gestor, o seu lado humano e único, e isso deve acontecer antes das questões de gestão propriamente ditas. Significa refletir sobre quem é a pessoa que está nesse papel profissional. O que constitui a sua essência é fruto das influências da sua educação escolar, do grau de maturidade decorrente das experiências de vida, dos valores familiares (incluindo o que os avós e pais contaram, deixaram de legado e lhe ensinaram)? Além disso, essa pessoa tem interesse em expandir seus conhecimentos? Buscar capacitação? Ampliar a visão do negócio como um todo?

A união de todas as influências externas de uma vida forma o empreendedor como pessoa e, no momento em que essa pessoa formada (com crenças e valores próprios) se depara com a gestão e encontra algumas barreiras, precisa aprender a não levar tudo para o lado pessoal. Por exemplo, há quem sofra para demitir quando necessário, ou precise aprender a lidar com números, cálculos, dinheiro, mas, por algum bloqueio do passado à matemática, resiste.

Existem áreas fundamentais nas quais esse gestor deve gastar mais ou menos energia, mas muitas vezes ele perde tempo com questões que não são fundamentais para uma boa gestão em detrimento de outras que o são. Quando participei da Metanoia, mentoria de expansão de consciência do expert em nova economia Roberto Tranjan e autor do livro homônimo,[5] tive uma visão ainda mais ampla dos pontos que merecem máxima atenção, mas vêm sendo negligenciados.

Ao longo do tempo, realizamos várias pesquisas com nossos clientes com o objetivo de saber como os gestores do nosso segmento agem, gastam o seu tempo e com qual foco. O que detectamos foi a existência de menor atenção na linha de processos e organização do que nas demais. Isso favorece o risco de todo o negócio andar para trás.

Além disso, o processo do aprendizado e as dificuldades que podem surgir pelo caminho (chamo de "dores do crescimento") também são obstáculos a uma boa gestão. Ninguém é obrigado a saber tudo nem tem tanto tempo ou recursos para voltar à sala de aula para um aprendizado

---

5 TRANJAN, R. **Metanoia**. São Paulo: Buzz, 2019.

longo – o que aumenta a frustração e o desestímulo. É por isso que modelos replicáveis de cunho prático e aplicação imediata, como os da nossa Metodologia Gustavo Borges (MGB), dão tão certo. Apoiar-se em uma metodologia testada e aprovada encurta o caminho até o sucesso.

Ausência de espaços de troca

Outra causa vinculada à falta de capacitação para fazer a gestão do negócio é a ausência de espaços de troca, de uma rede capaz de fortalecer o sentimento de pertencimento, que promova um intercâmbio saudável de vivências, visando potencializar resultados com quem sente na pele como é empreender no Brasil. Um exemplo disso na MGB é que, em 2022, celebramos 17 anos de empresa, tendo vários clientes conosco desde o começo, ou seja, uma vida juntos celebrando essa experiência de time, contribuição e pertencimento.

Se tem uma palavra que faz parte do dia a dia dessa rede empreendedora, essa palavra é **risco**. Mas um risco calculado, decidido com auxílio de informação, estudo, conhecimento, aprendizados, análise dos contextos interno e externo e dessa relação de troca. Neste livro, com tudo o que me proponho a compartilhar sobre gestão, eu também estou cultivando essa relação de troca. Meu intuito é aumentar a sua segurança para ousar e crescer, errando menos do que se decidisse tudo sozinho, isoladamente (um dos problemas que elenquei no capítulo anterior).

Espaços de troca são fundamentais para o crescimento apoiado em saber coletivo. Promover ou não esses espaços é uma decisão muito particular, principalmente em questões de como e com quem. É necessário ter em mente que a promoção desses espaços não deve ser exagerada. O mundo está cheio de "aprendedores de plantão", que trocam ideias, fazem inúmeros cursos, mas não aplicam nada, pois ficam no plano da intenção sem entrar em ação, e seguem mais perdidos e confusos ainda.

Tantas preocupações... sem organização

Sem equilibrar estudo e aplicação, intenção e ação, não se sai do lugar. Isso também é fazer gestão, independentemente do tamanho do seu negócio. Quem abre uma loja, mesmo que pequena, precisa gerenciá-la.

Prepara... vai!

Não tem como escapar da orientação de funcionários, da compra de estoque e da armazenagem em local seguro, de saber se o seu produto está bem exposto ou não, se todas as lâmpadas estão funcionando, se tem papel higiênico no banheiro.

E ainda tem as outras preocupações da vida. Por exemplo, se o gato está com comida em casa, se o transporte escolar levou o filho para o colégio, quando o dentista poderá acabar com aquela dorzinha que vai e volta dentro da boca. Eis a rotina típica de um micro ou pequeno empreendedor.

Esse dono de negócio abarca todos os departamentos ao mesmo tempo: comercial, jurídico, recursos humanos... e precisa ter uma agenda, uma organização. Muitos dos meus clientes, em especial os que atuam nesse formato mais enxuto, fazem acontecer porque têm muita energia e realmente gostam daquilo, do que faz parte da sua essência e meta de vida. Eles realizam essa gestão de maneira muito mais intuitiva, quase fazendo o controle do fluxo de caixa à mão, no papel de pão.

Só que o negócio exige cada vez mais, e são tantas novidades (boas e ruins) que aparecem, que esse bem-intencionado lojista começa a caminhar em círculos, até que inevitavelmente se dá conta de que precisa de auxílio profissional. Muitas vezes insistir pode inclusive prejudicar a saúde. É aquilo: ou o sujeito acaba com o negócio ou o negócio acaba com ele.

Imagine fazer isso durante décadas. Chega uma hora que você não aguenta mais, e o seu negócio está mais ou menos igual – às vezes, até pior. E se você não preparou um sucessor, vai deixá-lo quebrar, vender ou herdar com dívidas? Sem estar estruturado e sem uma boa gestão, definitivamente o negócio não se sustenta a longo prazo. Ao contrário de outros, que se consolidam porque o seu gestor teve a capacidade de entender que precisava fazer as coisas de maneira diferente de como eram no início da jornada.

Dificuldade de delegar e confiar

Por trás desse estilo confuso de empresariar pode estar a dificuldade de delegar. Muitas vezes, o empreendedor que conhece muito da atividade pensa: *eu sei fazer*, ou então age por soberba. Pior ainda é se ele não

Sem gestão, seu negócio não se sustenta

consegue confiar na equipe e vive o efeito super-herói. Um dos maiores coaches de alta performance do mundo, Brendon Burchard, discorre em seu livro *O poder da alta performance*[6] sobre vários comportamentos assassinos da alta performance, e a lista inclui esses que acabei de citar.

Sem delegar, não há comprometimento, engajamento, e muito menos produtividade, entrega e progresso. Essa questão é abordada de uma maneira bem abrangente pelo Roberto Tranjan e pelo Silvio Bugelli, outro grande empreendedor e mentor com quem ampliei muito a minha visão de trabalho e de negócios. Em conversas que tivemos, eles explicaram que a pressão do gestor para que o negócio dê certo é tão grande que pode fazê-lo querer controlar tudo e todos.

Eu já vi isso acontecer com coordenadores que foram promovidos a gerentes e com pessoas que saíram do emprego para abrir o próprio negócio ("a partir de agora eu sou dono e preciso mandar, porque dono manda"). O negócio também não se sustenta assim, porque, quando ele assume a responsabilidade de controlar o trabalho dos outros, deixa de focar as prioridades de gestão.

Depois de conhecer todas essas causas que podem acarretar sofrimento aos empreendedores e abalar os negócios, você tem todo o direito de me desafiar: "E aí, Gustavo, me mostre, então, como é que se faz gestão dos negócios, dando braçadas que favoreçam resultados?". Desafio aceito. A virada de chave de um trabalho "meia-boca" para um bem-feito vai começar no próximo capítulo.

---

6 BURCHARD, B. **O poder da alta performance:** os hábitos que tornam as pessoas extraordinárias. Rio de Janeiro: Objetiva, 2018.

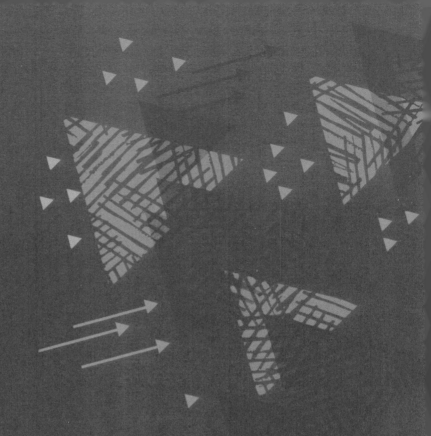

CAPÍTULO 3

Não é só fazer: deve ser bem-feito

Quando você iniciou o seu trabalho atual, certamente só pensava em crescer, conquistar vitórias, realizar o sonho da independência financeira, deixar sua marca no mundo, poder dizer a seus (futuros) filhos e netos: "Eu venci!"... Acertei? Na minha estreia nos Jogos Olímpicos, em 1992, em Barcelona, na Espanha, eu também só queria vencer. Estava focado e determinado a ser medalhista olímpico!

Era a oportunidade de concretizar um objetivo almejado desde as primeiras braçadas. Eu tinha de sair dali carregando no peito e na alma o resultado de um trabalho bem-feito. E você tem essa mesma chance quando abre as portas do próprio negócio ou é contratado por algum já montado, com o dono contando com a sua atitude empreendedora para avançarem juntos.

Entretanto, para ganhar uma medalha, você precisa chegar na final e ficar entre os três que mais se destacam. Não tem escapatória. Precisa entrar nas eliminatórias e dar o seu melhor, o que só é possível depois de uma série de preparos contínuos orientados por treinadores competentes.

Além disso, na véspera, precisa dormir bem, comer de modo adequado, aquecer o corpo e, principalmente, a mente, trabalhando pensamentos, emoções e ações no sentido correto o tempo todo, sem distrações nem desculpas. Até que você se encaminha para o bloco de partida, ouve o tiro de largada e... "tchibum". Então faz o básico muitíssimo bem-feito.

A boa notícia é que dá para aproveitar essa sequência simples em qualquer outra atividade. Se tida como uma rotina bem-feita, a receitar vai funcionar. Costumamos dar as costas para pontos importantes que, às vezes, nem exigem tanta energia para serem realizados, mas trazem resultados essenciais à dinâmica diária do seu negócio. Pois agora é hora de acordar.

Prepara... vai!

Você quer prosperidade? Um negócio bem-sucedido? Ser um líder protagonista, que sabe para onde ir e como chegar lá? Deseja atingir os resultados financeiros que merece ao fazer entregas diferenciadas? Montar uma equipe forte, digna de medalhas, sempre atualizada e comprometida com o cliente? Levar, com a sua atividade, valores, educação e cidadania para o seu bairro, a sua cidade?

Nós queremos uma porção de coisas; e nossos colaboradores, clientes, fornecedores, apoiadores e amigos, também. Todos desejam brilhar! É justo, e nós podemos ser veículo dessa jornada positiva utilizando um passo a passo focado, organizado, disciplinado, motivado, planejado.

Naquela Olimpíada de Barcelona, um dos meus grandes ensinamentos foi justamente o que proponho com este capítulo: olhar para frente e usar toda a energia, aliada aos recursos disponíveis, para passar de um trabalho "meia-boca" a um bem-feito, elevando os resultados a patamares mais altos. Eu me lembro de estar assistindo às finais da arquibancada, depois de um mau resultado horas antes. Meu treinador perguntou o que eu achei da prova. E emendou: "Hoje, você assiste... Depois, vai lá e ganha!".

Com essa provocação, ele conseguiu transportar a minha mente para a Olimpíada seguinte, Atlanta 1996, que seria o ápice do nosso projeto de ganhar medalhas. Esse pensamento de longo prazo, de alta performance, de foco no futuro, foi fundamental para me mostrar que eu precisava nadar melhor no presente. Dois dias depois, eu enfrentei o desafio dos 100 metros livre e conquistei a minha primeira medalha, a prata.

Como já contei, na prova anterior, dos 200 metros, eu não consegui me classificar por entrar receoso. Mudei a estratégia em cima da hora, não fiz nada daquilo que havia treinado por todo um ciclo de quatro anos. Então, naquela conversa que tivemos na arquibancada, meu treinador continuou a falar, me fazendo focar minha segunda e última chance de ganhar a medalha naquela edição dos Jogos: "A gente está buscando o centésimo de segundo que leva à vitória, está buscando evoluir. Faça o que você precisa fazer, não adianta só sonhar".

Sem **equilibrar** estudo e aplicação, intenção e ação, não se sai do lugar. Isso também é fazer **gestão**.

Prepara... vai!

Esse treinador me levou a outros patamares, a momentos marcantes como atleta, a ser um empreendedor do meu corpo. Se este livro fosse uma piscina de natação, eu adaptaria a fala dele dizendo: "Hoje, você lê sobre a minha história e sobre a Metodologia Gustavo Borges voltada aos empreendedores, com os aspectos teóricos e práticos de gestão aqui compartilhados. Amanhã, você vai lá no seu ambiente profissional e transforma esse conhecimento em braçadas de resultado!".

Subindo o sarrafo em busca da excelência

Dar braçadas que favoreçam a gestão de negócios de resultado é fazer as coisas bem feitas no mais alto grau de exigência. Sem enrolação. Sem procrastinação. Mas, sim, contagiando a equipe com seu exemplo para subir o sarrafo da qualidade da entrega. Trata-se de buscar a excelência focando os objetivos, produzindo com consistência e dedicação e, assim, evoluir na sua capacidade de transformar o negócio para melhorar continuamente.

Excelência para o empreendedor é igual a um centésimo de segundo para o atleta – vivo repetindo isso por ser importante. Dentro dessa analogia, é a diferença entre ficar em casa e ir para a Olimpíada, ganhar a medalha ou ser desclassificado nas eliminatórias, fazer o índice para competir com os grandes ou ficar na arquibancada somente sonhando.

Para você que é gestor aquático, por exemplo, pode significar a diferença entre a sua piscina estar com 20% ou 90% de ocupação. Para outros tipos de negócio, pode demonstrar a diferença entre fechar o ano no vermelho ou no azul, ter o seu serviço mal ou bem avaliado nas redes sociais e na boca do povo, encolher a sua unidade ou expandir de várias maneiras, ter alta ou baixa rotatividade de pessoal, contribuir ou não para melhorar o futuro das pessoas com o seu trabalho.

> **Claro que ter dinheiro para investir no negócio ajuda, pois é um recurso bem-vindo e necessário, mas sem uma gestão que busque a excelência, de nada adianta. Assim como *apenas* talento não teria transformado Michael Phelps no melhor nadador da história.**

Não é só fazer: deve ser bem-feito

No livro *Sem limites*,[7] escrito pelo próprio atleta em coautoria com o biógrafo Alan Abrahamson, Phelps confirma que treinava mais e de uma maneira que funcionava muito bem para si. Ele tinha uma conexão forte com seu treinador e um mindset de sucesso incrível, e tudo isso potencializou suas características de anfíbio (envergadura maior do que a altura, tronco maior do que as pernas, mãos e pés grandes, uma incrível capacidade de recuperação e de dissipar o acúmulo de ácido lático no corpo, causador de cansaço e dores musculares etc.).

Segundo o técnico Bob Bowman, Phelps caiu na piscina *todos* os 365 dias do ano até os Jogos Olímpicos de Pequim, em 2008, quando levou oito ouros nas oito provas disputadas. Venceu a prova e bateu o recorde mundial dos 200 metros borboleta em Pequim, mesmo com água entrando dentro dos óculos. A sua estratégia de emergência? Procurou o 't' no fundo para saber quando virar e contou as braçadas, pois sabia quantas eram necessárias nos 50 metros seguintes.

Independentemente das adversidades, ele usou suas ferramentas humanas (incluindo o dom), a capacidade de virar o jogo e as técnicas desenvolvidas com muito treino disciplinado para conquistar, ao todo, 28 medalhas olímpicas, sendo 23 de ouro. Ou seja, usou toda a sua capacidade, desenvolveu o seu talento e mostrou que os resultados não aparecem sem esforço. Fazer melhor, subir o sarrafo, é fundamental para que o talento se desenvolva. Treinar com consistência e dedicação, isso sim é excelência.

No livro *O código do talento*,[8] o mastercoach Daniel Coyle explora muito bem essa relação talento-treino, afirmando que o ponto de partida é a ignição do desejo profundo de fazer diferente, conceito que cabe perfeitamente para a educação e para os negócios. De acordo com Coyle, o desenvolvimento de um talento ocorre pelo seguinte caminho:

---

7 ABRAHAMSON, A; PHELPS, M. **Sem limites:** a incansável busca pelo prazer de viver. São Paulo: Thomas Nelson Brasil, 2000.

8 COYLE, D. **O código do talento:** um programa para desenvolver habilidades especiais aplicáveis à vida pessoal e aos negócios. Rio de Janeiro: Agir, 2010.

Prepara... vai!

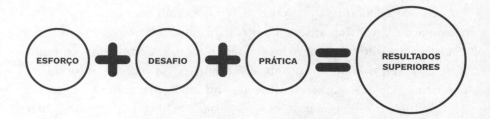

Outra referência espetacular é o livro *Hábitos atômicos*,[9] do palestrante James Clear, com seu método de aprimoramento diário de bons hábitos, ressaltando os sacrifícios, os incentivos e as recompensas que essa jornada pode nos proporcionar. Para Clear, hábitos são juros compostos do autoaperfeiçoamento e, portanto, precisamos torná-los claros, atraentes, fáceis e satisfatórios. Para completar, na obra *12 regras para a vida*,[10] o psicólogo Jordan Peterson defende que para alcançar a excelência devemos ter autocuidado e arrumar a própria vida antes de criticar o mundo.

Eu, Gustavo, resumo essa busca pela excelência em uma frase: ser melhor hoje do que fomos ontem, e melhor amanhã do que hoje. Michael Phelps fez isso, eu faço isso e você também pode fazer, engajando seu time a olhar para a mesma direção e fazer acontecer.

> **As coisas nem sempre serão perfeitas, pois nossas obras certamente podem ser aprimoradas, e recordes existem para ser quebrados. Por outro lado, também é necessário dizer que não há nada nem ninguém que seja invencível, nem mesmo os problemas de um empreendimento.**

---

[9] CLEAR, J. **Hábitos atômicos:** um método fácil e comprovado de criar bons hábitos e se livrar dos maus. Rio de Janeiro: Alta Life, 2019.

[10] PETERSON, J. **12 regras para a vida:** um antídoto para o caos. Rio de Janeiro: Alta Books, 2018.

Busque a **excelência** focando os objetivos, produzindo com consistência e dedicação, evoluindo assim, a sua capacidade de **transformar** o negócio para melhorar continuamente.

Prepara... vai!

É possível conquistar o "impossível", mas dá trabalho

Na prova dos 400 metros medley nos Jogos Olímpicos de Londres 2012, a natação brasileira viveu um dia histórico com o nosso Thiago Pereira. O nadador brasileiro cravou 4m08s86, igualando o próprio recorde sul-americano na distância, e saiu com a prata.

O ouro foi para o americano Ryan Lochte (4m05s18) e o bronze para o japonês Kosuke Hagino (4m08s94). Michael Phelps, que era o favorito absoluto estatisticamente, terminou em quarto lugar. Nessa prova, Thiago Pereira não apenas fez um ótimo trabalho, como plantou em todos nós a semente do sonho "impossível". Temos de fazer a nossa parte, buscando a excelência, sem olhar para fatores além do nosso controle.

Sendo assim, se você tinha alguma expectativa de que eu daria neste livro uma fórmula do sucesso para facilitar o ato de empreender, já deve ter percebido que eu corto logo essa ilusão. Aqueles que participam dos meus canais virtuais há algum tempo sabem que eu converso repetidamente sobre itens relevantes para alcançarmos resultados que pareciam impossíveis; e quando eu falo o que é preciso fazer, a reação de algumas pessoas é: "Dá trabalho demais!". Verdade, dá trabalho, sim!

Para dar um exemplo pessoal, só entre o primeiro trimestre de 2020 e o de 2022 eu fiz mais de uma centena de *lives* para transmitir conteúdos de desenvolvimento pessoal e profissional, com foco em alta performance nos negócios e no esporte, sobretudo voltados para os micro, pequenos e médios empreendedores. Isso é consistência, tema que vou aprofundar no Capítulo 10. Ora com voz boa, ora rouco; com a pandemia de covid-19 piorando, com a pandemia melhorando; meu lema sempre foi "vamos juntos".

Nas palestras, é comum me perguntarem o que eu indicaria aos jovens para que progridam na vida. Respondo: "Paciência, que é uma supervirtude na construção da vida futura". Além dela, uma das lições mais importantes que eu aprendi quando ainda era jovem, em Ituverava, foi que a excelência faz parte dessa construção. Eu só não chamava assim.

> **Meus pais perguntavam: "Estudou?", e ouviam que sim. "Mas caprichou?". *Não*. Eles viviam repetindo: "Capriche". E quanto mais caprichamos, menos perdidos e menos receosos ficamos. Essa palavra, no mundo adulto, é excelência.**

Trago para o universo dos empreendedores a potência desse termo que, na minha atividade, no meu esporte, está representado por um centésimo de segundo por vez. Observe no seu trabalho, no seu negócio, qual é o menor indicador possível para fazer algo de qualidade, que melhore o seu resultado, que fará você crescer, que o fará chegar mais longe como empreendedor. Está aí uma oportunidade de superação, de se aproximar do "impossível", focando a excelência contínua.

O caminho precisa ficar mais claro

Como atleta, em 2004 cheguei naquele ponto da carreira de "pendurar a sunga" e fazer outra coisa – *mas o quê?* Foram quatro anos de transição em que precisei refletir profundamente sobre o que buscaria para a minha vida dali em diante e qual planejamento faria para executar a mudança. Entender o que se quer e qual direção tomar é importante para vários tipos de transição pelos quais costumamos passar, tais como a implementação de projetos ou mudança de função dentro da mesma empresa, na transição de carreira, quando vamos de empregado a empreendedor, de estudante universitário a profissional graduado etc.

Eu gosto tanto de falar sobre transições que fiz uma mentoria com o Ricardo Basaglia, um *headhunter* especializado em carreira e liderança a quem admiro muito. Esse contato nos inspirou a nos unirmos para criar um programa de transição de carreiras, que é compartilhado com profissionais interessados. Um dos pontos que procuramos esclarecer no programa é que se trata de um processo em construção, portanto, não garante bom resultado para quem fica parado, apenas refletindo.

Prepara... vai!

> **Sempre que precisamos fazer uma transição, somos apresentados a novos sonhos e desafios, e isso nos mantém vivos! No meu caso, decidi empreender na área aquática, confiante de que o esporte precisaria continuar presente na minha rotina, pois é o que me dá energia e motivação para tudo.**

Depois, precisei me preparar para a próxima fase, dedicando tempo e esforço, como ensina Brendon Burchard em um livro que me trouxe muita inspiração e conhecimento, *The Motivation Manifesto* [O manifesto de motivação, em tradução livre].[11] A mãe da motivação são as nossas escolhas, diz o autor, e o *frame* que ele traz é muito simples: para você se motivar a fazer algo, precisa canalizar esforço e atenção para aquilo que quer, e aliar à expectativa e ambição daquilo que deseja.

Então o que eu precisava saber para empreender buscando a excelência? Havia sido capitão de equipe de nadadores e também liderava a mim mesmo, mas era muito mais liderado por ter um treinador. Por isso, precisei aprofundar meu conhecimento em liderança e gestão de pessoas, áreas que até então eu não tinha explorado. Com muita leitura e cursos, capacitei-me a novos desafios.

A Metodologia Gustavo Borges originou-se nessa transição, também realizada pelo amigo e sócio Renato Ramalho, que abraçou o empreendedorismo comigo. Na sequência, dois outros sócios entraram no circuito, Gustavo Pinto e Felipe Malburg. Nós inauguramos inicialmente duas academias de natação, uma em Curitiba e outra em São Paulo, no bairro Morumbi (essa segunda unidade, vendemos em 2021). Com elas, eu aprendi muito sobre investimento, planilhas de custos, lucratividade e prospecção de clientes, por exemplo.

Quando me propus a investigar quais eram os *gaps* de conhecimento que eu tinha em relação às questões práticas que precisava resolver internamente, ficou ainda mais evidente que um dos grandes problemas dentro do nosso próprio negócio era a falta de uma metodologia de trabalho.

---

11 BURCHARD, B. **The Motivation Manifesto:** 9 Declarations to Claim Your Personal Power. Carlsbad (CA, EUA): Hay House, 2014.

Sempre que precisamos fazer uma transição, somos apresentados a novos sonhos e desafios, e isso nos mantém vivos!

Prepara... vai!

Além da questão pedagógica, para avaliar os alunos a fim de garantir evolução, por exemplo, eu precisava também treinar os colaboradores, fazer a gestão comercial, definir um padrão de qualidade no atendimento e nos serviços, me comunicar bem com os clientes, fazer um marketing eficiente etc. Fomos desenhando toda essa estrutura com base em estudos, práticas e um equilíbrio entre análise crítica e intuição... e assim construímos a MGB.

A nossa metodologia é composta de quatro áreas: comercial, marketing, pedagógica e gestão. Com os sócios e a equipe, faço um trabalho focado em desenvolver um produto que possa resolver todos os problemas dos clientes, diminuindo para o empreendedor o volume de decisões que ele precisa tomar para poder se dedicar àquilo que depende exclusivamente dele – por exemplo, atendimento e proximidade ao cliente. Embora tenha sido pensada para o meu setor, de academias, clubes e escolas, apenas a parte pedagógica é mais específica ao mercado de natação e atividade física. Portanto, trata-se de um método que pode ser aplicado em uma infinidade de empreendimentos. Afinal, em todos os setores há uma engrenagem dessas áreas que precisa funcionar para que o gestor possa afirmar: "Eu faço um trabalho bem-feito!".

Quando entrevistei o especialista e mentor de pequenas e médias empresas, Wilson Poit, diretor-superintendente do Sebrae São Paulo na ocasião, para o meu podcast Super+Ação,[12] comentei que considero o Brasil um país empreendedor, embora nem todos tenham as melhores condições e muitos quebrem por dificuldades para fazer a gestão, para divulgar com um marketing forte, para equilibrar despesas e receitas e fazer caixa...

Poit contou que, no seu caso, primeiramente criou negócios por necessidade, depois, tornou-se um empreendedor em série – como são chamados aqueles que não desistem nunca. Ele afirmou que, mesmo sendo mais fácil abrir uma empresa hoje, continua sendo necessário ter perseverança, aprender com os próprios erros (e com os dos outros) e

---

12 SUPER+AÇÃO com Gustavo Borges 16: Transformando oportunidades em negócios, com Wilson Poit. 20 maio 2022. *Podcast*. Disponível em: https://anchor.fm/gustavoborges/episodes/Transformando-oportunidades-em-negcios---Com-Wilson-Poit--EP16-e1ip3n4. Acesso em: 22 maio 2022.

Não é só fazer: deve ser bem-feito

estar atento a eventos que tragam informações para clarear seu longo caminho de conquistas.

"Quem vai abrir os empregos de que o Brasil precisa não serão as organizações gigantes, mas sim os milhões de pequenos e microempreendedores. Esses geram empregos e ao mesmo tempo conseguem a sua independência", frisou o empreendedor em série, também ganhador do prêmio Empreendedor do Ano pela EY e autor do livro O *não você já tem, então vá à luta*.[13]

Arregaçar as mangas diariamente

No Capítulo 2, contei duas histórias nas quais me preparei para resultados negativos. Aqui eu pergunto: **e como a gente se prepara para resultados positivos?** Na sua atividade, sendo hoje um profissional melhor do que foi ontem, e fazendo o mesmo com o seu empreendimento, nunca perca o foco. Influencie seus sócios, colegas, colaboradores, fornecedores e quem mais estiver envolvido a buscar essa excelência com ação, energia, capricho.

Talvez eu esteja chovendo no molhado, pois isso é o básico. Entretanto, ainda encontro empreendedores perdendo tempo na busca de "jeitinhos rápidos" para construir o sucesso em vez de estruturarem uma estratégia. Ainda vejo líderes genéricos demais em ações que precisam de objetividade, menos intenção e mais realização.

Quem é você: aquela pessoa cheia de planos arquivados, ou aquela que seleciona um excelente e o põe para rodar? Não adianta nada ter um plano perfeito se ele nunca sair da gaveta ou da sua cabeça ou se não estiver alinhado com o que você almeja, com os seus objetivos e com a estratégia do negócio; essas situações geram frustrações.

Às vezes, pensamos muito sobre qual caminho seguir, qual plano colocar em prática, e uma nova visão é bem-vinda. Estudar, ler livros como este, buscar inspiração com alguém é um primeiro passo. Se eu só pudesse lhe dar uma dica, escolheria esta, que é bem simples: não

---

13 POIT, W. **O não você já tem, então vá à luta:** como uma ideia simples, de um homem que veio do nada, se transformou em uma empresa milionária. São Paulo: Portfolio-Penguin, 2019.

Prepara... vai!

fique parado esperando algo cair do céu. Arregaçar as mangas deve ser uma atitude do dia a dia. Siga em frente, com força.

No filme Rocky Balboa, o protagonista homônimo afirma: "Não importa quanto consegue bater, mas, sim, quanto aguenta apanhar e seguir em frente".[14] Quando cair, levante-se antes que a contagem chegue no dez. Sempre que nos levantamos estamos mais fortes, mais preparados e mais motivados. E se você ainda não tem um método para se tornar um gestor bem-sucedido, aproveite este que apresentarei nas próximas páginas, desenvolvido em conjunto com sócios, equipe e parceiros.

Para que você saiba o que está por vir, apresento os sete pilares essenciais para a gestão do negócio, o foco deste livro, alicerces nos quais acredito muito, com um breve panorama dos temas que escolhi para aprofundarmos:

- **Pense lá na frente, entre em ação hoje.** Você deve sonhar grande e ter um forte objetivo a longo prazo, mas sem nunca deixar de executar o necessário no presente para levar o seu empreendimento cada vez mais próximo daquilo que almeja. Isso exige desenvolver visão sistêmica para a vida e para os negócios, conforme explicarei no Capítulo 4.

- **Tire aprendizados de tudo.** Sempre aprenda com seus acertos e seus erros. Vencer ou perder é transitório. Porém, desistir ou persistir é decisão sua. No final das contas, se você aprendeu algo com um resultado negativo, será que realmente perdeu alguma coisa? Com essa reflexão, discorro no Capítulo 5 sobre a importância de ter maturidade e inteligência para aprender com os desafios.

- **Organize-se para trabalhar em alta performance.** Para você que tem vontade de fazer diferente, vou detalhar no Capítulo 6 como trabalhar em alta performance, de acordo com a definição que adoro e que sempre apliquei na minha vida de atleta e empreendedor. Vou lhe apresentar os seis elementos dentro dessa definição que devem estar presentes no planejamento e na organização do seu trabalho, como gerir melhor o tempo, fazer

---

14 ROCKY Balboa. Direção: Sylvester Stallone. EUA: MGM, 2006. (102 min.).

Não é só fazer: deve ser bem-feito

escala de prioridades e a ter disciplina, entre outros hábitos que melhoram a energia física e mental.

- **Use a paixão como combustível.** Identifique o que você quer para o negócio e o que não quer, fazendo a sua entrega de maneira apaixonada. Quando você tem clareza do propósito e agrega valor ao serviço/produto que oferta, cria um senso de progresso que vai muito além do resultado financeiro. Esse é o tema do Capítulo 7.

- **Cerque-se de boas pessoas e tenha uma equipe engajada.** Desenvolva processos de aprendizado em rede, já que é impossível um empreendedor aprender tudo e implementar. A visão compartilhada faz com que o negócio prospere e favorece o desenvolvimento do time, com colaboradores bem treinados e capacitados para novas demandas. Entre as vantagens dessa estratégia, que indico no Capítulo 8, uma equipe bem formada eleva o sentimento de pertencimento do gestor e o engajamento dos liderados.

- **Foque o cliente e aumente o faturamento.** Conhecer bem aquele que está no foco do seu negócio para compreender como satisfazê-lo é fundamental. Quanto mais áreas e ações demandam a atenção do gestor, menos tempo ele tem para quem o remunera, o cliente. Aliás, como aumentar o faturamento? O Capítulo 9 procura responder a essa pergunta que aflige a maioria dos empreendedores, destacando aspectos cruciais em marketing e vendas, como geração de demanda, fidelização e comunicação eficiente on-line e off-line.

- **Coloque consistência como ingrediente indispensável.** É comum vermos empreendedores pararem antes de ter resultado por não se atentarem a esse aspecto que trago no Capítulo 10. Trata-se de entrar na batalha com as armas corretas, que são conhecimento, habilidades específicas para solucionar problemas, saber agir no momento certo para garantir resultado, e refazer esse ciclo de novo e de novo. Assim, as chances de vitória vão aumentar.

Aproveite seu treino, encare cada um dos conteúdos dos próximos capítulos como braçadas que com certeza impactarão diretamente no seu resultado. Prepara... vai!

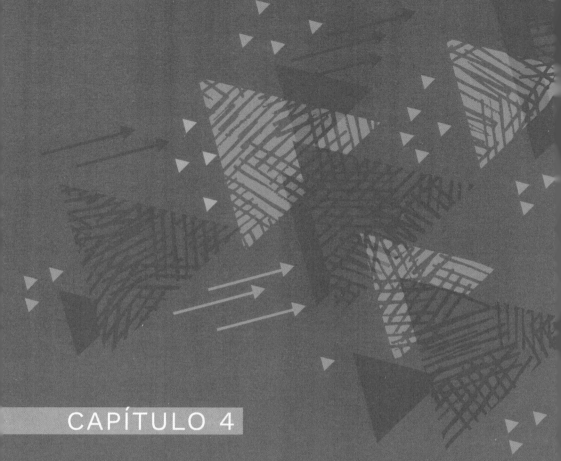

CAPÍTULO 4

Pense lá na frente, entre em ação hoje

Vivemos de escolhas e decisões. Por isso, a primeira braçada de gestão que vai impulsionar o seu negócio a dar resultado é não pensar por muito tempo sem agir, assim como não se deve agir por muito tempo sem pensar. Eu me inspirei em uma famosa frase do Confúcio, "Não pense por muito tempo; faça. Mas não faça por muito tempo; pense", em que o pensador chinês mostra a importância do equilíbrio para não sermos muito impulsivos, nem muito acomodados.

Sobre esse tema, o melhor a fazer é pensar lá na frente, mas entrar em ação hoje. Você pode estar estudando para ser um líder e um empreendedor melhor, pesquisando sobre o seu mercado, absorvendo o feedback dos clientes, pensando em inúmeras ações interessantes. Mas o que está *fazendo* com tudo isso?

Não adianta só pensar, pensar e pensar naquilo que tem de fazer. Eu lhe desafio: vá lá e faça! Quando a ação estiver em curso, pense muito a respeito dela. Não deixe de fazer atualizações, revisões ou melhorias periódicas.

Para dar um exemplo clássico da necessidade de realizar esse balanceamento em muitos negócios, digamos que você conseguiu contratar e montar uma equipe boa. Respirou aliviado e pensou: *agora vai!* Entretanto, não pode achar que "não se mexe em time que está ganhando". É preciso mexer, sim, para que continue somando vitórias. Treinando, fazendo rodízio de tarefas, dando novas responsabilidades, seja lá o que for.

Vivemos na era da abundância de informações. Dados que chegam por todos os lados e lotam a nossa cabeça. Um bom gestor precisa ficar atento às novidades que afetam o seu mercado, mas deve ser mais do

Prepara... vai!

que um "aprendedor de plantão". Meu conselho é: se vir algo para melhorar seu serviço, se receber boas dicas de um cliente, se pescar uma novidade em um podcast: implemente, teste, descubra na prática se faz sentido para o seu negócio.

Eu sei que às vezes é difícil, mas mudar – nem que seja um pouquinho por vez – ajudará no resultado. Fazendo um paralelo com o esporte, o atleta está sempre pensando longe e fazendo o melhor desde já. Não existe nenhuma possibilidade de cruzar a linha de chegada se estiver na zona de conforto, na normalidade, na previsibilidade. Como empreendedor do seu corpo, ou ele tem a coragem de tentar algo mais para alcançar o próximo degrau, ou não ganha a medalha que almeja.

O expert no assunto, Alexandre Waclawovsky, autor do livro *Invente seu lado i*,[15] foi meu convidado em uma das minhas *lives* de terça-feira e enfatizou: "Não existe inovação sem correr riscos, e isso gera desconforto, frio na barriga, o pensamento *será?*". Demonstrar capacidade de realização é algo tão arriscado quanto recompensador. A sacada, segundo ele, é trocar o perfeito pelo feito, o infalível e demorado pelo desenvolvimento constante e, assim, melhorar os resultados de modo contínuo.

Nenhum negócio pode se dar ao luxo de ficar no muro, ou então perderá competitividade até ser engolido pela concorrência. Mark Zuckerberg, fundador do Facebook, afirma: "Em um mundo que muda, de verdade, rapidamente, a única estratégia com garantia de fracasso é não assumir riscos".[16] Jorge Paulo Lemann, empresário da Ambev, traz a mesma ideia: "O maior risco é não correr riscos, não dá para ficar sem correr nenhum risco, senão você não faz nada". [17] Esses dois gigantes reforçam a necessidade de entrar em ação para gerir um negócio pulsante, então sugiro seguir o conselho deles.

---

15 WACLAWOVSKY, A. **Invente seu lado i:** a arte de inovar numa época de incertezas. São Paulo: Buzz, 2021.

16 THE biggest risk is not taking any risks. **New World Management**. Disponível em: https://www.nwm-usa.com/news/the-biggest-risk-is-not-taking-any-risks. Acesso em: 19 jul. 2022.

17 NOS 82 anos de Jorge Paulo Lemann, 10 lições do segundo homem mais rico do Brasil para tempos de crise. **Revista Poder**, 26 ago. 2021. Disponível em: https://revistapoder. uol.com.br/2021/08/26/nos-82-anos-de-jorge-paulo-lemann-10-licoes-do-segundo-homem-mais-rico-do-brasil-para-tempos-de-crise/. Acesso em: 19 jul. 2022.

Mantenha-se em movimento sempre

Conhece o ditado "camarão que dorme, a onda leva"? Você deve sonhar, ter objetivos de longo prazo, mas precisa fazer acontecer no momento presente. Entretanto, se sua meta é ter vinte unidades do seu negócio, mas você foca somente isso, deixando de fazer o seu melhor nas cinco unidades que tem hoje, não vai conseguir transformá-las em vinte no futuro.

Quer vinte unidades por quê? Ao pensar lá na frente, você se motiva e estabelece relações de propósito com seu trabalho, motivando também a equipe. No meu caso, quero educar por meio do esporte, impactando o maior número de pessoas possível – e que sejam milhões! Como consigo *fazer* isso? Quais são os pontos e as métricas que preciso ofertar e acompanhar?

Capacitação de profissionais é um ponto-chave nesse negócio, e vou precisar sistematizar um modo de medir essa evolução. Quantos clientes vão se interessar pelo meu produto e quais canais utilizarei para chegar até eles? Também preciso preparar treinamentos, renovando-os sempre. E mais: como escalar o negócio no Brasil inteiro lançando mão das ferramentas digitais?

Enquanto pensamos na alegria de poder influenciar a vida de milhões de pessoas, levando educação e saúde, colocamos a mão na massa para calcular quantos colaboradores precisamos ter, assim como clientes, canais de comunicação, conteúdos, ferramentas e todo o necessário para criar um negócio sustentável e, assim, alcançar o nosso objetivo final.

O que estou fazendo? Destrinchando o passo a passo e traduzindo cada um deles em ações. Com uma visão de trabalho de longo prazo, parto para a construção dessa trilha de progresso. Quando começo? Hoje. Começo hoje a fazer o treinamento, a organizar os processos, a liderar o time e o que mais for importante neste exato momento.

Contei, no meu livro *1 centésimo*,[18] que certa vez ouvi de um oficial da marinha dos Estados Unidos uma frase que me fez pensar: "A ação

---

18 BORGES, G. **1 centésimo:** o que o esporte entrega e ensina para você ser uma pessoa de sucesso. São José dos Campos: Ofício das Palavras, 2021.

Prepara... vai!

está onde a ação acontece". Quer dizer, não está debaixo do travesseiro nem do tapete. Você só vai encontrar ação entrando em ação, quando estiver em movimento.

Desenvolva a visão do todo

Entender, com a amplitude necessária, como funciona o processo de buscar resultados contribui para fortalecer a capacidade de construir os sucessos desejados, potencializando cada conquista. Anote isto: um negócio não é feito de forças separadas sem relação entre si. Pensamento sistêmico quer dizer, de maneira sucinta, que a soma das partes excede o todo.

> **O gestor se fortalece ao adquirir uma visão mais abrangente do caminho a ser seguido e dos obstáculos a serem superados para chegar aonde quer. Além disso, o pensamento sistêmico conduz o time a reflexões e ações mais saudáveis e produtivas.**

O escritor Peter Senge tem um ótimo livro sobre o tema, *A quinta disciplina*.[19] Nele, o autor apresenta cinco disciplinas imprescindíveis para o sucesso de uma empresa. A seguir, exponho cada uma delas, relacionando-as ao tema da gestão nessa engrenagem de pensamento-ação:

- 1ª: **Domínio pessoal.** É importante esclarecer e aprofundar a sua visão pessoal do negócio, automotivando-se a aprender continuamente.
- 2ª: **Modelos mentais.** Eles determinam a maneira como você entende o negócio e age nele. São pressupostos que influenciam seus comportamentos, criados de acordo com o que acredita. Revelam limitações no modo de ver as coisas e que podem ser trabalhadas, basta que se permita reavaliar seus conceitos.

---

19 SENGE, P. **A quinta disciplina:** a arte e a prática da organização que aprende. São Paulo: BestSeller, 2013.

Pense lá na frente, entre em ação hoje

- **3ª: Visão compartilhada.** Refere-se à habilidade de descobrir qual imagem de futuro você quer criar e disseminar. Ela influencia seus valores e metas. Em grupos que desenvolvem visão compartilhada, as pessoas dão tudo de si porque querem, e não por serem obrigadas. Estimula o compromisso genuíno de longo prazo, em vez de a simples aceitação.

- **4ª: Aprendizagem em equipe.** Começa pelo diálogo fluindo livremente em grupo, trazendo ideias e percepções que o gestor não teria sozinho. Favorece enxergar as situações além da percepção individual.

- **5ª: Pensamento sistêmico.** Ele integra e amplia as quatro disciplinas anteriores, fundindo-as em um corpo coerente de teoria e prática. Assim, cria uma organização que está sempre aprendendo. No lugar de considerar os problemas como causados por algo ou alguém "da porta para fora", quem tem pensamento sistêmico enxerga mais facilmente como as próprias ações criam os problemas pelos quais passa. Isso porque atenta-se para um fato novo antes que ele afete negativamente o resultado, entende as verdadeiras causas daquilo que causa sucesso ou fracasso e percebe que todos os eventos se inter-relacionam, alcançando maior compreensão da realidade.

Precisamos ter uma visão de onde queremos chegar e como construir esse caminho. Esse entendimento abrangente facilita a tomada de decisões, dando razão para cada escolha. Acabou o tempo em que os profissionais se restringiam somente àquilo que dominavam. Se alguém que atua em determinada área (RH, atendimento ao cliente ou jurídico, por exemplo) desconhece se a empresa como um todo está indo bem ou mal, ou nem ao menos tem interesse nisso, não vai evoluir.

Para desenvolver seu lado gestor e ter atitudes empreendedoras, participe, seja curioso, faça perguntas, troque ideias e abra sua cabeça para novas perspectivas. Sem dúvida, você se tornará um profissional mais interessante, que sabe analisar cenários e que está capacitado para criar estratégias geradoras de vantagens competitivas no médio e longo prazo. Assim como se prepara a terra para plantar uma semente,

Prepara... vai!

a fim de que ela não caia em solo estéril, você precisa ter uma visão ampla do negócio para antecipar problemas, inovar e agir com mais assertividade.

Se o gestor tem essa disciplina desenvolvida, é como se conseguisse enxergar a árvore, a floresta inteira e como ambas se relacionam. Por isso, eu recomendo fortemente que você:

- Levante a cabeça e veja o que tem do outro lado da sua mesa;
- Entenda como seu trabalho impacta o resultado da empresa;
- Aprenda continuamente e aplique os conhecimentos;
- Participe de conversas, contribua com ideias e percepções, questione o que parece intocável e proponha fazer diferente.

Se não puder mudar hoje, defina o prazo

Quando impedimos que os pensamentos nos controlem e escolhemos focar outras coisas – conforme ressalta a psicóloga Pia Callesen em seu livro *Viva mais, pense menos* –,[20] nos libertamos da sensação de impotência e conseguimos voltar para o mundo real. Mais um motivo para entrar em ação.

A autora, PhD e especialista em terapia metacognitiva, faz a ressalva de que existem questões incômodas que merecem maior reflexão. Nesse caso, ela propõe estabelecer um horário para esse pensamento, com prazo de término (por exemplo, no início da tarde, entre as 14 e as 15 horas). Assim, você escapa daquele vai e volta do assunto na sua cabeça ou de ficar ruminando o mesmo problema por vinte e quatro horas, sem encontrar uma solução.

Coloque um prazo também para entrar em ação, caso não possa de imediato. É uma maneira de deixar as inseguranças de lado e estabelecer um *deadline* para uma decisão difícil. Caso contrário, você ficará

---

20 CALLESEN, P. **Viva mais, pense menos:** como evitar que pensamentos negativos se transformem em depressão. Rio de Janeiro: Sextante, 2022.

Pense lá na frente, entre em ação hoje

no mesmo lugar, fazendo a mesmice, com performance igual, mas esperando um resultado diferente (que nunca virá).

Se pode focar em soluções novas e provocar o cérebro a ser mais ativo, por que ficar "cozinhando" as dificuldades em vez de agir para apagar o fogo? Alguns clientes antigos estão sumindo? A instalação elétrica apresentou falhas? Seu maior concorrente abriu um ponto bem próximo ao seu que está chamando a atenção da vizinhança?

Quando está em uma situação de alerta, sendo provocado ou desafiado, o gestor deve acessar um estágio de atenção que o leva a performar de maneira diferente, livrando-se do viés do status, que seria se manter na mesma situação, sem fazer nada.

Para sacudir o negócio e alavancar o modelo mental da mudança, vale a pena:

- Abolir a frase "sempre foi assim", que remete ao passado, ao apego, e restringe inovações;
- Transmitir confiança ao seu time para fazer ajustes, caso a mudança não saia exatamente como planejado;
- Ter atenção para não cair na cilada de procrastinar dizendo, por exemplo: "quando estiver preparado, eu faço", "quando a situação do país melhorar, invisto", "quando estiver ganhando dinheiro, treinarei o pessoal" etc.;
- Repetir para si mesmo que tudo tem seu tempo, mas, se esse tempo demorar a chegar, é preciso definir um prazo.

Foque o que depende exclusivamente de você

Essa ação não pode ser realizada de qualquer jeito, sem dedicação, querendo tudo para ontem, pois é preciso fazer um trabalho bem-feito, lembra? Por exemplo, construir uma piscina não é simplesmente fazer um buraco azulejado com água dentro. Existem muitas variáveis e detalhes que demandam atenção.

Usando o meu exemplo profissional, o time MGB coopera com a experiência do cliente e entrega soluções a empreendedores

Prepara... vai!

comprometidos com uma gestão aquática eficiente, que valoriza a qualidade das aulas e a participação em uma rede única. Uma das vantagens de utilizar um método de trabalho, com processos estruturados (listo alguns adiante) que o gestor pode usar dentro do seu negócio, é que ele será liberado de várias preocupações e tarefas e poderá focar o que depende exclusivamente de si: o cliente e o que entregar a ele.

> **O indelegável pode variar conforme a natureza de seu negócio, mas geralmente tem relação com o cliente. É fundamental fazer esta reflexão: o que compõe seu produto ou serviço que faz cada cliente comprar pela primeira vez e continuar querendo comprar?**

No caso do nosso grupo, estabelecemos uma parceria na qual disponibilizamos o conhecimento dos nossos negócios ao cliente e, se ele aceita essa relação de confiança, não gastará tempo desenvolvendo um processo, pois nós podemos contribuir de maneira direta. São ferramentas de trabalho com soluções que melhoram a performance do negócio.

No caso de clubes, escolas, academias que trabalham com natação, a Metodologia Gustavo Borges funciona como uma base para uma entrega de valor dentro da sua unidade, que é educar por meio desse esporte. De quais maneiras conseguimos atender a esse objetivo?

- Capacitando os profissionais;
- Utilizando uma metodologia de aprendizado confiável;
- Instruindo o aluno a se desenvolver por meio da natação;
- Atraindo pais dispostos a desenvolver e acompanhar o progresso do filho.

E por que estou apresentando isso a você? Porque qualquer que seja o negócio, ele envolve cuidar dos itens que acabei de destacar. Ou seja, temos de desenvolver profissionais, ter um processo de trabalho, trazer benefícios para os nossos clientes e nos comunicar de maneira estruturada com todos ao nosso redor. Delegar essas tarefas não significa

Pense lá na frente, entre em ação hoje

que o gestor será menos importante. Mesmo com esse auxílio na estratégia de gestão, ele será o responsável por fazer acontecer.

Pense no longo prazo e construa um negócio próspero

Apesar de muitos sonharem em empreender, nem todos entendem que, ao alcançar esse cargo, o esforço apenas começou. E, a partir daí, o trabalho é árduo para alavancar um negócio rentável e competitivo. Exatamente por esse motivo, é fundamental sair do posto de bem-intencionado para o da ação e do resultado, ou pode acabar estagnado pela autoenganação.

Sugestão: coloque um "chip" de pensamento a longo prazo na cabeça e, por um bom tempo, aumente a dedicação, o esforço, a expectativa no resultado e vá para cima! Isso vale também para coordenadores e demais profissionais que querem se desenvolver como gestores e líderes. Não significa deletar o pensamento de curto prazo. Óbvio que certas coisas se encaixam nele, por exemplo, analisar o custo-benefício de abrir ou não o seu negócio no feriado. Porém, você deve concordar que: 1) projetos com metas ambiciosas demandam mais tempo para acontecer; e 2) tudo o que é grande começou pequeno um dia. Então, pense no longo prazo, mas comece a realizar no curto.

Quando você pensa em gestão, o que vem à sua cabeça? Uma estrutura bonita, conservada e funcional? Uma equipe engajada e bem treinada? Antena ligada nas novidades do mercado para trazer para dentro do negócio? Evidentemente, todos esses pontos são relevantes. E há muito mais por trás disso para se analisar e construir. Dentre os itens que precisam ser pensados e executados com excelência para construir um time focado no sucesso do cliente, destaco:

- Criar uma cultura organizacional com foco em reter talentos;
- Adotar práticas de autodesenvolvimento pessoal e profissional;
- Delegar tarefas de maneira estratégica;
- Treinar a equipe para alta performance;
- Inspirar e engajar o time nas tarefas diárias.

Vivemos de escolhas e decisões.

Pense lá na frente, entre em ação hoje

Nossas equipes de marketing, produto e atendimento ao consumidor preparam consistentemente programas e conteúdos focados no desenvolvimento dos nossos clientes, lançando mão dos formatos de webinars, eventos e cursos. Desses materiais, são seis as regras para nortear o caminho para entrar em ação nessa jornada como um gestor eficiente. Elas foram pensadas para o setor de academias, clubes e escolas de natação, mas servem para muitos outros negócios e você pode adaptá-las para a sua realidade.

- **Regra 1: Defina seu público-alvo.** Além de entender os nichos de público nos quais deve focar o atendimento, certamente ajudará muito nas estratégias de entrega do serviço e de marketing da empresa. No nosso setor, sabemos que 70% do público-alvo são crianças. E a logística de atendimento direcionado às crianças resulta em maior eficiência na utilização do espaço.
- **Regra 2: Adeque o ambiente.** Delimitado o público-alvo, faça as adequações no local do negócio. No caso das crianças, os pais estão bastante atentos à segurança aquática. Além disso, é preciso contar com espaços pensados para banho e troca.
- **Regra 3: Crie ou adote uma metodologia estruturada.** Uma visão clara da jornada do seu cliente unifica a linguagem dos departamentos, traz organização e eficiência para os processos e garante a qualidade da entrega.
- **Regra 4: Construa um time competente e engajado.** Ter profissionais comprometidos é determinante para o sucesso da sua gestão. Fez boas contratações? Faça mais, investindo em capacitação, plano de carreira e motivos para que queiram permanecer ao seu lado.
- **Regra 5: Faça uma gestão operacional e eficiente dos custos.** Em uma operação cara, como a que envolve uma piscina, a má gestão consumirá a margem de lucro e o resultado. Trazer novas tecnologias que otimizem processos pode reduzir custos e garantir a melhor alocação possível dos recursos humanos, já que os gastos com pessoas não devem ultrapassar 30% do faturamento.
- **Regra 6: Invista em marketing digital.** Com toda essa estrutura organizada, o público precisa conhecer seus diferenciais.

Deixe claro o posicionamento da empresa por meio de comunicação interna e externa e, principalmente, pelos canais digitais. Além do reforço no marketing institucional, primordialmente, tenha uma estratégia para engajamento de clientes e para atração e captação de novos.

Tenha coragem, não seja uma lagosta fracassada

Aos gestores que participam do meu treinamento de alta performance, explico que confiança é o acúmulo de tudo o que eles fazem no dia a dia para elevar a própria coragem. Em seguida, convido cada um a refletir: qual é o nível da sua coragem? Se você tivesse mais, o que pararia de fazer no seu trabalho? E o que começaria a fazer?

Fico surpreso com quem precisa de coragem para tomar atitudes simples, como corrigir as falhas de um colaborador (exigência básica na gestão de pessoas, que tratarei no Capítulo 8) ou ficar uma hora sem olhar para o celular (questão totalmente relacionada à gestão de tempo e à produtividade, temas do Capítulo 6). Mas respeito e reforço que a confiança é um dos pilares da alta performance e ela traz firmeza de espírito para enfrentar situações. Com ela, você arrisca, busca novas soluções, segue em frente com uma ideia mesmo com muitos descrentes, porque tem informações e acredita nela.

No esporte, comecei muito jovem, e a coragem aumentou conforme a confiança crescia: para mudar de treinador, escolher onde estudar e quais provas nadar, para enfrentar meus adversários e superar as adversidades. Em alguns momentos, a coragem combinava com a ousadia. A mesma situação aconteceu com o empreendedorismo, porém com dificuldades maiores. Fato é que eu tive de desenvolver novas habilidades, aprender sobre gestão de pessoas, finanças do negócio, desenvolvimento de produtos e muito mais. Claro que bateu um frio na barriga! Mas escolhi ter coragem *apesar* do medo.

Anteriormente, citei uma pesquisa cujo resultado mostrava que o medo de abrir um negócio era maior do que o de saltar de paraquedas. Aqui, complemento que um aspecto que inverte essa ordem é quando

Pense lá na frente, entre em ação hoje

o empreendedor percebe que precisará correr riscos, mas que devem ser calculados – diferente de, por exemplo, saltar sem saber se o para-quedas abrirá na hora certa.

Temos de agir, entendendo que sentir medo faz parte do jogo e que podemos superá-lo com coragem – mas não só. O verdadeiro antídoto é entrar em ação. Uma pessoa de ação desenvolve senso de certeza de quem ela é e tem maior probabilidade de ser destemida e resiliente para lidar com os grandes desafios de empreender. O livro *A mágica de pensar grande*,[21] do professor e expert motivacional estadunidense David J. Schwartz, ajuda a definir objetivos profissionais e de vida e a aumentá-los, canalizando a força da própria convicção para agir.

Se eu quero ser um grande gestor e não sei como, fico irritado, inseguro, desanimado; por efeito, trabalho sem conseguir liderar minha equipe com eficiência, sinto medo e impaciência para falar com clientes de maneira aberta, e acabo sendo vago e genérico. Mas, no momento em que estudo liderança, faço uma mentoria e leio este livro, reservo na minha agenda um horário para sentar com as pessoas e ser honesto, justo e falar o que preciso; isso é ação. É o que ajuda a dissipar o medo, a melhorar as relações de confiança e muito mais. Às vezes, o estagiário ou trainee fica com medo de não ser efetivado no fim do programa, esquecendo que mostrar o seu potencial e realizar o que a empresa espera dele é o modo de superar esse sentimento negativo e alcançar a efetivação.

Suponha que você queira muito transformar uma boa ideia em um novo braço do negócio, mas teme que ninguém pagará por isso, que receberá críticas, que a produção se revelará mais complexa do que imaginava... Sem pesquisar, testar, aprender sobre esse mercado em questão, você continuará sentindo medo.

> **A coragem caminha junto com as suas atitudes, e um lado desenvolve o outro. Encare-a como uma engrenagem que precisa estar ativa no seu dia a dia para**

---

21 SCHWARTZ, D. **A mágica de pensar grande:** a força realizadora do pensamento construtivo. Rio de Janeiro: Viva Livros, 2012.

Prepara... vai!

> **aumentar a sua confiança diante dos desafios de tocar um negócio e fazê-lo entrar em ação. Isso, sim, é o antídoto contra o medo.**

O medo, assim como a preguiça e a vitimização, é inimigo da ousadia. E a cautela? Parece estar no extremo oposto da ousadia. Sendo assim, a sabedoria do gestor está em usar as duas a seu favor, pois tanto a ousadia quanto a cautela podem nos fazer avançar ou regredir. Dependerá de um aspecto da inteligência emocional, que é o autocontrole daquilo que você está sentindo no momento. Quem está animado tenderá a ousar mais, quem está temeroso deverá ser mais cauteloso nas suas atitudes.

> **"O autocontrole é como uma conversa interior contínua, é o componente da inteligência emocional que nos liberta de sermos prisioneiros de nossos sentimentos. E um deles é o medo".[22]**

Um exemplo do mau uso da cautela, quando agravada pelo medo, está ligado ao impulso. Quem não conhece um empreendedor que se desesperou durante a pandemia de covid-19 e encerrou sua atividade sem nem tentar uma maneira diferente de sobreviver a essa fase dura? Outros usaram a cautela com mais autocontrole das emoções e superaram as dificuldades, tirando aprendizados delas. Mesmo quando somos bastante ousados, temos de tomar certos cuidados – fazendo uma boa gestão dos próprios sentimentos, seja de euforia, seja de medo.

Precisamos da cautela para raciocinar e tomar decisões que preservem os "nossos ouros" (clientes, colaboradores, qualidade do produto, reputação da marca...). Quando estamos acuados, nervosos ou tensos, a sugestão é parar e pensar, primeiro, em como sair desse estado de escassez emocional para outro de prosperidade e abundância. Enquanto o excesso de cautela restringe, a visão de prosperar amplia as

---

22 GOLEMAN, D. **Liderança:** a inteligência emocional da formação do líder de sucesso. Rio de Janeiro: Objetiva, 2015, p. 16.

Pense lá na frente, entre em ação hoje

possibilidades de ação e favorece a ousadia e a inovação, levando-nos mais longe nos nossos projetos. Dessa maneira, evitamos nos comportar como "lagostas fracassadas".

Gosto muito quando o psicólogo e autor Jordan Peterson analisa a coragem em oposição a postura fisiológica das lagostas. Eu não sabia, até ler seu livro *12 regras para a vida*,[23] que quando perde uma luta, a lagosta dificilmente ganha outra depois. Esse animal é muito territorial e agressivo, procurando sempre o melhor ambiente para sobreviver e lutando por ele. Quando enfrenta uma luta difícil, se vence, produz o hormônio serotonina, que aumenta sua coragem para ter novas vitórias. Se perde, estatisticamente deverá repetir o placar no futuro, caso volte a lutar. Ele não consegue superar o fracasso. Com a sua confiança tão enfraquecida, o mais provável é se comportar como a lagosta mais fracassada do fundo do mar.

O ser humano, graças a Deus, não é uma lagosta. Já pensou paralisar por causa de um fracasso? Quando perdemos, devemos buscar superação. Superando, aprendemos. E ao aprender, geramos resultado. Eu brinco com minhas turmas dizendo que torço para não ter nenhuma lagosta entre nós.

No seu trabalho, você está dando um passo à frente em quê? Analise friamente seu nível de confiança para tentar algo novo, faça alguma das mudanças que vem adiando, abasteça-se de coragem. O "desengavetamento" de pensamentos e intenções é o melhor projeto para se colocar em ação. O que está esperando para fazer algo incrível hoje? O momento certo? Se não for agora, releia este capítulo. Ao entrar em ação, o próximo passo é entender o valor dos seus aprendizados.

---

23 PETERSON, J. *op. cit.*

CAPÍTULO 5

Tire um aprendizado de tudo

Se você não aprende nada com o seu resultado, seja ele qual for, o que está esperando para mudar o seu olhar? Sempre aprenda com seus acertos e com seus erros. É muito comum valorizarmos somente as medalhas, querendo esconder as dificuldades e cicatrizes. Mas com correção de rota, seguida de repetição, as falhas podem contribuir para o êxito da sua experiência como gestor e do próprio negócio.

No fim das contas, se você aprendeu com um resultado negativo, será que perdeu alguma coisa? Reflita. A vida é um processo constante de aprendizados. Não há garantias de que vamos acertar todos os dias, mas é certo que podemos aprender todos os dias. Quando aceitamos isso, abrimos a mente para explorar coisas novas e nos tornamos mais eficientes.

Eu mesmo, nos momentos em que achei que sabia demais, caí do cavalo. Repetidas vezes, um treinador, nos Estados Unidos, me alertou para esticar e finalizar a minha braçada. Como já era medalhista olímpico, reagi na base do "Isso é básico, eu já sei!" e tive de ouvir uma resposta desconfortável: "Então, por que você não faz, Gustavo?"

Não doeu admitir que valia a pena fazer ajustes para continuar na busca por excelência. Meu resultado, obviamente, melhorou.

E você: tem conseguido fazer ajustes para personalizar o atendimento? E para o seu colaborador, trouxe um treinamento novo no último trimestre? Sobre segurança de dados, está por dentro dos mecanismos para evitar sequestro de informações? Talvez você também esteja fazendo gestão no piloto automático, sem prestar atenção em fundamentos essenciais para fazer o negócio sair da mesmice e evoluir. Por isso, precisa refletir a respeito de alguma bronca/queixa feita por um colaborador ou cliente que, a princípio, pode até causar irritação, mas é construtiva.

Críticas vindas de quem quer bem a você e ao negócio, torcendo para que ambos "melhorem as braçadas", são bem-vindas. Além disso, se você tem educadores e empreendedores na família, como é o meu caso, deve acatar com gratidão o que eles falam. Por exemplo, dona Diva, minha mãe, vai ler este livro e dar seu feedback. Pedagoga pela Universidade de São Paulo, deu muitas aulas de magistério até se aposentar, mas continua exigente. São puxões de orelha amorosos.

Há muitos aspectos em comum no esporte e no empreendedorismo relacionados a objetivo, compromisso, resultado e expectativa que podem culminar em coragem ou medo, em frustração ou aprendizado. E quanto mais persistimos, mais aprendemos e vice-versa.

Vencendo ou perdendo, persista

Tirar aprendizado de tudo tem conexão direta com meu posicionamento de que vencer ou perder é transitório, mas desistir ou persistir é decisão. Acredito tanto nessa frase que a coloquei no meu perfil do Instagram. É provocativa, eu sei, para fazer com que as pessoas que me seguem e curtem meus conteúdos quebrem o paradigma da fórmula do sucesso que cobra perfeição.

Dentro de qualquer histórico de excelentes resultados, existe uma transitoriedade. Independentemente do empenho, você poderá ganhar uma medalha ou ficar classificado em quarto. Ter alguns dias ruins e outros ótimos. Tudo isso acontece na vida do melhor atleta do mundo, assim como na do empreendedor. Faz parte de qualquer construção bem-sucedida cair e levantar, corrigir e repetir, contando muito mais a trajetória do que o retrato do momento.

O que fazer, então, para ter uma trajetória de sucesso empreendendo? A cada resultado obtido, seja positivo ou negativo, você precisa tirar alguma lição, porque só assim avançará para o próximo nível. Não é "deve", mas "precisa". Quem não faz isso, sofre e não amadurece pessoal e profissionalmente.

Digamos que você tenha enfrentado um acontecimento traumático, como ter sido roubado por um parceiro de negócio. Nunca imaginaria passar por isso, só desejava realizar algo incrível em conjunto. Ao analisar toda a história que culminou nessa frustração, enxerga pontos

Tire um aprendizado de tudo

na sua atitude para corrigir ou aprimorar? Mesmo que ache clichê eu dizer para aprender com os erros, é essa a linha de raciocínio que você deve ter.

O mesmo com a vitória. Por exemplo, ganhei minha primeira medalha olímpica em 1992 (a prata nos 100 metros livre), quando nadei focado, confiante. Isso aconteceu dois dias após ter competido mal, quando nadei nervoso, receoso. Fisicamente, estava preparado para ambas as provas da mesma maneira. O que mudou? A concentração naquilo que *eu precisava* controlar: a minha cabeça.

Cheguei a Atlanta, em 1996, mais experiente. Fiz a mesma prova e ganhei bronze, além de prata nos 200 metros livre. Na minha quarta e última Olimpíada, em Atenas 2004, ficar em 12º lugar também foi um sucesso, que defino como um sentimento pertencente à pessoa, pois só ela sabe exatamente o tanto de energia e expectativa que depositou naquilo. Em quatro anos, muita coisa muda (o treino, a técnica, a biomecânica, a piscina...), mas o aprendizado fica. É transcendente, assim como os valores. Quando nos dedicamos a algo e nos superamos, ficar em primeiro lugar, ou em 12º, é transcendente.

Para dar um exemplo atual, as dificuldades impostas pela pandemia de covid-19, com inúmeros negócios fechados por meses e a inevitável queda nas vendas, são transitórias. Quem não desistiu e aprendeu como se reinventar, reabrindo as portas e recebendo os clientes de volta, voltou melhor depois. Não apenas no sentido da resiliência, mas também em aspectos práticos da gestão (da higiene e limpeza ao controle financeiro, passando obviamente por uma necessária aceleração da transformação digital).

Os pensamentos de filósofos da antiguidade como Platão e Aristóteles também são transcendentes. Falamos deles até hoje. Porém, aquele conhecimento de cinco anos atrás que ficou datado, morreu nas conversas. Não vai ficar para a história, ninguém vai repetir. Quais livros são transcendentes no mundo? A Bíblia, por exemplo. E nela, nos Provérbios (17:16), o questionamento: "De que serve o dinheiro na mão do tolo, já que ele não quer obter sabedoria?".

A sua atitude diante dos desafios do negócio deve ser de confiança, foco no que quer (e não no que não quer) e disciplina; e aprendizado contínuo. Tudo isso requer determinação. Quando você está decidido a

Se você não aprende nada com o seu resultado, seja ele qual for, o que está esperando para mudar o seu olhar?

Tire um aprendizado de tudo

fazer melhorias na sua gestão, não pensa em desistir. Na primeira Olimpíada, eu poderia ter desanimado com a 22ª colocação, porém, teria de esperar quatro anos para outra chance. Escolhi continuar focado, e o resultado positivo veio logo depois.

> **Um ponto crucial para concretizar conquistas (já que sucesso é um sentimento) é a persistência. Mesmo com vitória, tem quem sinta medo e desista. Com a perda, ficamos frustrados pela expectativa elevada em relação ao objetivo e o quanto nos comprometemos. Entretanto, ela gera aprendizado. Persista e siga em frente.**

Diferencie persistir de insistir

No nosso grupo de sócios, enfrentamos problemas como todo mundo e já tomamos decisões ruins. Por isso, ajudamos nossos clientes a não sofrerem com os mesmos erros que nós cometemos e a saírem de outras situações difíceis planejando melhor os próximos passos.

Eu já alertei para a ausência de espaços de troca. Enquanto muitos se beneficiam dessa interação com outros gestores, tem quem a considere desnecessária. Essa troca se relaciona ao sentimento de pertencer. Além de colaborar para ampliar a sua visão, aprendendo com quem enfrenta desafios similares, você fica mais informado e confiante para crescer, errando menos e persistindo no que dá resultado.

Eu fui sócio de cinco academias. Duas não deram certo, ambas no Paraná, e decidimos arrendá-las em 2014. O resultado não estava vindo; se continuássemos, estaríamos insistindo. Essa experiência nos deixou aprendizados sobre como fazer melhor dali em diante.

Quando compramos uma delas, em 2008, fizemos uma boa reforma, e depois avaliamos que talvez o investimento devesse ter sido maior para deixá-las com a nossa cara. Além disso, essas unidades tinham uma área de piscina grande, o que é importante. Só que o volume de alunos na área de fitness era maior que na de natação. Como a nossa expertise sempre foi mais voltada à parte aquática, calculamos que a amplitude do negócio – junto à distância física dos sócios, dificultando

Prepara... vai!

a presença no dia a dia da operação – tenha contribuído para a perda de foco.

Vale ressaltar que nossas unidades que mais deram certo, justificando a persistência nelas, foram as que receberam mais planejamento e mais investimentos, porque construímos do zero. Dessa maneira, estavam mais de acordo com o nosso objetivo, compromisso, resultado e expectativas, conforme ilustro no quadro a seguir.

OBJETIVO	COMPROMISSO	RESULTADO	EXPECTATIVA
Pode ser um sonho, uma meta, um **plano**.	É o investimento em relação à sua busca, o quanto vai se **dedicar**.	Pode ser **positivo** (vencer).	Mais **coragem** (persistir) ou mais **medo** (desistir).
		Ou pode ser **negativo** (perder).	Mais **frustração** (desistir) ou mais **aprendizado** (persistir).
Entre em **AÇÃO**: se é o que quer, vá lá e faça!	Tenha **AUTOCONTROLE** em relação à sua busca.	**É TRANSITÓRIO**, e está tudo bem, desde que gere aprendizado.	**CRESCER**, evoluir, criando um novo objetivo.

Não deixe de tentar por medo de errar

Em várias entrevistas que li e ouvi da lenda do basquete Michael Jordan, ele sempre mencionou a importância de fazer, tentar, executar; e se preocupou em mostrar que o receio de falhar tem o potencial de fazer com que grandes pessoas **deixem de tentar**. Ele próprio realizava um número gigantesco de arremessos nos treinos para que, na hora H, a bola entrasse na cesta.

No dia a dia, todas as vezes que ficamos parados e não tentamos fazer algo dar certo, por medo de errar, estamos indo na direção errada. O fracasso é um dos maiores inimigos da motivação, se não for visto pelo ângulo do aprendizado. Por vezes, a falha parece dizer que o que nós fazemos não é o suficiente. Mas é neste momento que devemos

Tire um aprendizado de tudo

olhar para isso sob uma outra perspectiva: errar é a maneira de entender o que podemos fazer para acertar. Há situações em que só é possível chegar ao resultado esperado se houver falhas antes disso.

É comum que o medo esteja presente em situações nas quais não estamos habituados, principalmente quando encaramos o desconhecido ou quando as dificuldades são maiores. Eu poderia ter tido medo de empreender, por exemplo, pensando nos vários conhecimentos e competências que precisaria adquirir.

Nessas situações o importante é **voltar-se para lembranças de vitórias que já teve e se aproximar de pessoas que o alimentem de coragem**. Se o receio for grande, a coragem precisa ser maior. Você não deve se envergonhar por sentir medo – mas não pode deixar de se arriscar, tampouco travar sua equipe de dar ideias e testar algo diferente. Estimule o aprendizado para criarem juntos uma cultura de inovação.

CAPÍTULO 6

"Estica e finaliza" para ser produtivo

Como é que alguém improdutivo pode querer gerar resultado? Quem é produtivo prima pela organização e utiliza ferramentas adequadas para isso, desenvolve bons hábitos, foca o que importa, toma decisões em vez de protelar, mede os resultados, procura ser excepcional em suas principais capacidades e desenvolve outras, disciplinando-se com atitudes simples, como desligar todos os alarmes e as notificações.

Tem hora para navegar nos seus canais digitais e tem hora para trabalhar nas metas importantes para os objetivos do negócio. Quer que a sua gestão seja acima da média? Espero que você saia deste capítulo mais consciente da necessidade de utilizar melhor seus bens mais preciosos, como tempo e energia, para combinar produção e progresso. Não tem mágica: com disciplina e foco, existe resultado.

Para criar uma ponte entre suas metas e as realizações, monte um plano estruturado. Isso é tão importante quanto entrar em ação. Ajudará não só você, mas também todo o seu time, a ter clareza do caminho. Do contrário, verá cada um correndo para um lado, tropeçando, cansando, ou pior, desistindo. Planejar é fundamental por vários motivos. Um deles é dar direção.

> **Se eu digo "trabalhe duro para chegar lá", está implícito que deve ser no caminho correto, ou é energia jogada fora – sem falar no dinheiro que vai junto. "Estica e finaliza", lembra-se do que me disse aquele treinador? É preciso se comprometer a trabalhar em alta performance.**

Prepara... vai!

Estruture o melhor plano de negócio

O gestor precisa de coragem para tomar decisões difíceis, para encarar situações de extrema pressão, para arriscar algo novo. Além desses, há outros três pilares para a alta performance: clareza, para saber aonde quer chegar; energia, gerando mais do que gasta, sem desperdício; e produtividade, fazendo em menor tempo, com menos esforço e melhor qualidade.

Tudo isso contribui para a essência da alta performance: construir resultados acima do padrão estabelecido de maneira consistente e no longo prazo. Gosto dessa definição do Brendon Burchard, que está no livro *O poder da alta performance*,[24] porque enterra de vez a fantasia de ter sucesso do dia para noite e deixa claro que estamos falando de uma construção buscando excelência.

Dentro desse conceito, o que seria um plano de alta performance? De uma maneira mais condensada, ele abrange programar as ações importantes e urgentes para alavancar o seu negócio, levando em conta três pontos:

- **Traçar objetivos que levem a resultados acima da média.** Ou seja, não somente o necessário. O mercado está cansado da média. Você e seu time não podem entregar mais do mesmo. Todos nós devemos ser melhores hoje do que fomos ontem – a propósito, essa é uma das verdades eternas aplicadas aos nossos problemas modernos, segundo o autor Jordan Peterson, em seu livro *12 regras para a vida*.[25]

- **Realizar até o fim, sem enrolação.** Muita consistência no trabalho exige firmeza nas ações, coerência nas decisões e terminar o que foi começado. O autor Jeb Blount, em seu livro *Prospecção fanática*,[26] recorre a um divertido ditado ("Qual a

---

24 BURCHARD, B. *op. cit.*

25 PETERSON, J. *op. cit.*

26 BLOUNT, J. **Prospecção fanática:** o guia definitivo de conversas para iniciar vendas e encher o funil aproveitando ao máximo redes sociais, telefone, e-mail, texto e chamadas frias. Rio de Janeiro: Alta Books, 2019, pp. 66-67.

"Estica e finaliza" para ser produtivo

melhor maneira de comer um elefante? Uma mordida por vez.") para incentivar as pessoas a fazerem uma coisa de cada vez, avançando nem que um centésimo, 1% etc. O foco naquela tarefa única, sem afobação, trará sucesso futuro. O contrário seria tentar abocanhar um paquiderme de três toneladas de uma só vez, e com insucesso garantido. Construir o negócio com solidez, qualidade, estrutura e alicerce é importante, eliminando uma praga chamada procrastinação.

- **Manter o esforço e a dedicação por um bom tempo até alcançar o que pensou lá na frente.** Bater a meta não somente no mês (pico de bom rendimento), mas no ano (aí, sim, trata-se de alta performance!). O longo prazo nos ajuda a ficar bons naquilo em que colocamos foco, fornecendo uma visão mais ampla de onde queremos chegar, de como queremos estar. A correção e a repetição são fundamentais nessa empreitada.

Há mentiras que atrapalham seu plano, e elas podem estar na sua mentalidade de gestão, que segue fazendo tudo do mesmo jeito, sem questionar se há algum mais eficiente. Em seu livro, Blount dá exemplos de questionamento que dão clareza para mudar pensamentos sabotadores: qual é a distração mais conveniente que domina sua mente? Você considera que tudo importa igualmente? Acha que consegue fazer (bem) várias coisas ao mesmo tempo? Admite precisar de mais disciplina, mas alega que "é difícil"? De vez em quando pensa: *já tentei isso antes e não funcionou?*

Para concentrar seu poder mental na estruturação do melhor plano da sua vida para a alta performance, convém ter atenção aos detalhes, além da percepção de que a liderança deve estar presente na vida pessoal, e não apenas profissional.

No esporte, tempo é parâmetro fundamental para o alto rendimento. Eu sabia exatamente o que tinha de fazer na piscina para chegar aonde desejava. Sem essa clareza no trabalho, ficaria difícil saber se estava caminhando na direção correta. Em dezesseis anos, nadei cerca de 43 milhões de metros, mais que o suficiente para dar uma volta ao mundo. Porém, o que fez a diferença foram os centésimos de segundo –

Prepara... vai!

os detalhes. No seu negócio, atenção aos detalhes, concentrando-se em uma coisa por vez, poderá ser o seu diferencial como gestor.

O outro fator fundamental é liderança cotidiana. Sempre digo que um gestor precisa, antes de tudo, liderar a si mesmo, investir no próprio desenvolvimento, eliminar distrações, controlar a soberba de achar que sabe tudo, parar de reclamar e evitar o efeito super-herói. Doe às crianças a sua capa de Super-Homem ou de Mulher-Maravilha e aja como adulto. Imperfeito, mas evoluindo sempre. Faça valer cada dia, mês, ano de sua dedicação gerindo pessoas, processos, tempo e energia.

Proteja o seu tempo

É importante que você adote o hábito de "ler" números, como os das horas trabalhadas e dos contatos feitos com potenciais clientes, para mensurar o seu progresso. Contar quantos metros nadei ao todo, na minha carreira de esportista, surpreende muita gente. Atletas são ligados em números, índices, estatísticas, horas, minutos, centésimos de segundo etc. Têm tudo na cabeça para clarear o que precisam fazer quando entram na piscina, na quadra etc.

Não deveria ser diferente com empreendedores e gestores, pois aqueles que não dão atenção aos detalhes e aos indicadores de produtividade estão, muitas vezes, olhando o velocímetro, mas esquecendo-se de pôr gasolina para chegar até o destino.

Para turbinar a produtividade no trabalho, Jeb Blount recomenda proteger as suas horas de ouro normalizando dizer "não" para o que tira seu foco do objetivo. Nas palavras desse especialista em aceleração de vendas, "você não tem que assumir ou fazer tudo o que os outros lhe trazem".[27] Defina o que ele chama de limites razoáveis; e não vai demorar para os outros captarem a sua mensagem.

Falando em mensagem, na mesma obra de Blount consta uma impactante: "Você não pode se iludir e ter sucesso ao mesmo tempo".[28] Ou encara a realidade, mesmo sendo desconfortável, e decide conquistar

---

[27] Ibidem, p. 55.

[28] Ibidem, p. 40.

O gestor precisa de **coragem** para tomar decisões difíceis, encarar situações de pressão e arriscar algo novo.

a medalha; ou rebaixa seus padrões e seu desempenho para se sentir "confortável". Como exemplo, o autor cita o mau hábito de muitos vendedores de não anotarem seus números de prospecções para não terem de admitir a si mesmos que foram improdutivos.

Uma situação clássica na qual muitos tentam se iludir é quando terminam um dia de trabalho sem que tenham feito algo importante do plano estratégico. Dizer que "não deu" é tapar o Sol com a peneira. Não tem desculpa, a verdade é que eles procrastinaram. O que está por trás dessa baixa performance nem sempre é percebido. Vamos clarear agora.

Circunstância 1:

As pessoas têm mais habilidades para algumas tarefas do que para outras. Por exemplo, você adora negociar com fornecedores, mas não gosta muito de falar em público (e precisa fazer uma apresentação a clientes). As duas atividades estão previstas na sua agenda. Só que você leva duas, três horas em uma negociação que poderia terminar na metade do tempo – porque se sai muito bem e gosta de fazer isso e, por isso, dedica-se mais. E deixa a apresentação em segundo plano.

Analisando esse exemplo pelos blocos de tempo, talvez você tenha reservado na sua agenda uma hora para a negociação e uma hora para montar os slides, mas "não deu" para realizar a segunda tarefa porque gastou duas horas ou mais com a atividade que *valorizou* mais, a que domina e gosta. Muitas vezes, gestores, assim como seus colaboradores, fazem isso de maneira inconsciente.

Circunstância 2:

Normalmente, é durante a execução que certas atividades se revelam mais complexas do que imaginávamos. Não dá para afirmar que houve procrastinação nesse caso, e a solução é readequar o prazo. Para ter certeza, eu checo: "Você focou isso e deu o seu melhor? Não se distraiu com mais nada e, mesmo assim, o tempo não foi suficiente?".

Vale ainda observar se escolheu o melhor horário do dia para essa tarefa, quando os níveis de energia e de atenção estão maiores. Fazer boas escolhas importa no resultado tanto quanto importa na gestão do tempo.

"Estica e finaliza" para ser produtivo

Circunstância 3:

E quando o profissional assume um volume grande de projetos em relação ao prazo programado? Até é possível coordenar cinco no tempo que deveria ser para dois, mas talvez a qualidade do resultado seja afetada, ele vai trabalhar no fim de semana, dormir e comer mal. Eu nem falei de saúde dentro dos pontos que promovem um trabalho em alta performance porque ela é onipresente.

Sem cuidar da saúde física e mental, como dar um gás maior nos projetos e ser bem-sucedido? Quando você se ilude querendo realizar vários ao mesmo tempo com a mesma qualidade, está sendo produtivo? Ou no máximo três por vez seria um número melhor? Não há certo ou errado, mas vale a reflexão sobre o preço de querer abraçar o mundo. Além de ser improdutivo, costuma representar algum custo na vida pessoal, seja com a família, seja com a saúde.

Eu gosto de ver a agenda dos meus mentorados e analisar como eles estão distribuindo as suas tarefas por blocos de tempo, para ajudá-los a equilibrar. Também acesso a dos líderes da MGB com o intuito de desenvolver a sua produtividade, a fim de que treinem os próprios liderados também. Dessa maneira, eu estou sendo produtivo e construo a produtividade também com a minha turma toda.

> **Uma agenda desorganizada é preocupante. Eu não acredito que atividades organizadas somente na cabeça vão acontecer. É importante dedicar um horário específico para cada uma.**

Às vezes, acontece de alguém lotar a agenda com amenidades para parecer ocupado (o que nem sempre é sinônimo de produtivo). Essa atitude, entretanto, não funciona para o dono dessa agenda, que acha que está impressionando, mas não terá evolução e resultado. Pelo menos 60% dos blocos de tempo devem estar comprometidos com atividades importantes para o negócio. Se você tem flexibilidade nas suas entregas, pode usar o restante do tempo "livre" para fazer adequações, ler algo que lhe traga mais conhecimento ou conversar com algum cliente ou colaborador.

Prepara... vai!

Manter uma agenda organizada é um hábito que fará diferença no resultado. Por isso, não só você, mas pessoas que trabalham com você devem também fazer isso. E o seu acesso a essas agendas será não para fiscalizar, mas para treinar os mentorados para gerir melhor o próprio tempo. Ao observar as atividades de cada um, pode-se analisar como está a produção e o progresso das ações, promovendo, assim, novos passos a partir do desenrolar dos atuais.

Gaste energia para gerar energia e se automotive

Por mais que empreender seja uma batalha diária, ninguém quer estar ao lado de quem parece estar com a bateria acabando. Imagine que, no momento crucial de uma entrega de trabalho, você não está com seu nível de energia adequado. "De tão tenso, pulei o café da manhã", então você coloca em risco a sua produtividade.

Positividade é superimportante. Porém, quando surge um problema no trabalho, sou do tipo que diz "vamos resolver". Precisamos aliar a positividade a outros elementos (por exemplo, o aprendizado que tiramos da situação difícil), e assim potencializar a nossa força de vontade e nosso espírito de realização. Esse conjunto fomenta a energia, a motivação para reagir em busca de construir o resultado.

Flexibilidade é outra palavra-chave dentro desse tema. Por que eu costumo fazer um alongamento antes de iniciar uma *live*? Essa prática fisiológica me ajuda a respirar e expandir a caixa torácica, ter uma postura proativa, aparecer para as pessoas com o corpo mais relaxado, mais flexível e, assim, me comunicar melhor. Se a disciplina é mãe do sucesso para Ésquilo, dramaturgo da Grécia Antiga,[29] para mim, movimento é o irmão gêmeo da energia.

Cuidar desse pilar da alta performance favorece um pacote de habilidades necessárias à gestão. Ajuda a unir expectativas e ambições e, ao fazer isso, permite ligar o motor da automotivação, contagiando

---

29 A DISCIPLINA é a mãe do êxito. **Escritas.org**, [s.d.]. Disponível em: https://www.escritas.org/pt/t/40420/a-disciplina-e-a-mae. Acesso em: 19 jul. 2022.

Manter uma **agenda organizada** é um hábito que fará diferença no resultado. Por isso, não só você, mas pessoas que trabalham consigo devem também fazer isso.

Prepara... vai!

a todos. Além disso, aumenta o foco, a dedicação, a autoconfiança e o autoconhecimento.

No livro *O poder da energia*,[30] Brendon Burchard aponta como escolha crucial na vida controlar a qualidade da pessoa que você será todos os dias. Para fazer gestão em alta performance, alcançando os objetivos, é preciso fazer essa autoavaliação constantemente. Trabalhe com uma vibração física, emocional e mental positiva e, para isso, identifique os maiores fatores que consomem sua energia e quais gatilhos usar para melhorá-la. E mais: decida o que *começar* a fazer (e o que *parar*) para aumentá-la.

Não significa estar no maior pique 100% do tempo, ninguém é produtivo vinte e quatro horas por dia. Atletas em busca de medalhas sabem exatamente em qual data e hora precisam ter o seu nível de energia alto e como podem se preparar para isso. Está tudo calculado. O gestor pode ter esse planejamento, comprometendo-se, por exemplo, a dormir mais para compensar seu esforço mental. Muitas vezes a gente se esquece dos hábitos simples de autocuidado. Sono é performance, nos faz produzir e aprender mais, melhora o humor e a energia, afetando cada aspecto do nosso bem-estar físico e mental. Passei a entender ainda mais a importância de dormir bem ao ler o livro do neurocientista e especialista Matthew Walker, que explica detalhadamente esses e outros benefícios na obra *Por que nós dormimos*.[31]

Além de planejar em sua agenda blocos de tempo para pausar e descansar, inclua também os exercícios físicos. São como uma máquina de fabricar energia no corpo, que responde produzindo hormônios fundamentais para lhe trazer mais atenção, bem-estar, foco, humor, qualidade de sono etc. Persisto nisso por ser importante não ficar parado, para gerar energia para garantir alto desempenho nas atividades que deseja cumprir. Faz parte do pacote de hábitos saudáveis (como beber água, comer e dormir bem, levantar e respirar fundo a cada uma hora de trabalho) que todos conhecemos desde crianças. Só é preciso praticar, é assim que se chega ao fim do dia se sentindo energizado.

---

30 BURCHARD, B. **O poder da energia:** um guia inspirador para a única coisa que todos nós queremos: mais vida em nossas vidas. Brasília: Novas Ideias, 2013.

31 WALKER, M. **Por que nós dormimos:** a nova ciência do sono e do sonho. Rio de Janeiro: Intrínseca, 2018.

"Estica e finaliza" para ser produtivo

É fato que a energia é inconstante ao longo do dia e da semana, por isso, é preciso poupá-la. Sabendo que o processo de tomada de decisão acarreta um gasto considerável de energia, a atitude mais inteligente é diminuir o número de decisões que precisa tomar, selecionando aquelas que realmente exigem a sua atenção e delegando o restante.

Só não é recomendável se render a uma energia baixa. Até porque dá, sim, para reverter o placar e buscar motivação e resultados mesmo no fim da prova. E os esportes podem ajudar. Em geral, eles ensinam sobre superação, comemoração das conquistas e muito mais. O tênis, por exemplo, desafia a antecipar jogadas, nos preparando para os momentos mais críticos do negócio, e compensam o desgaste de ficarmos sentados por muito tempo em reuniões e no escritório.

É incrível pensar que você gasta energia com esporte para gerar energia novamente. Fica cansado porque o fez, mas o retorno é gigantesco para enfrentar os obstáculos do dia a dia e da gestão, sendo produtivo e não procrastinador.

Traga sua atenção de volta

Quando você permite ser interrompido, perde um tempo valioso até retomar a linha de raciocínio. Várias pesquisas afirmam que o cérebro demora para restabelecer a concentração em uma atividade. No meu livro *1 centésimo*,[32] cito um levantamento que indica que esse tempo pode chegar a catorze minutos. Quando o assunto é trabalhar em alta performance, todo tipo de distração é inimigo.

Daniel Goleman também fala sobre o assunto. Em seu livro *Foco*,[33] o autor destaca as distrações sensoriais (externas) e as emocionais (nossas próprias preocupações) e recomenda calar as vozes internas que ficam

---

32 BORGES, G. *op. cit.*

33 GOLEMAN, D. **Foco:** a atenção e seu papel fundamental para o sucesso. Rio de Janeiro: Objetiva, 2014.

Prepara... vai!

"conversando" na nossa mente. Para quem vive às voltas com a complexidade de gerir o próprio negócio, a tendência é que essas vozes falem sem parar e se exaltem até. Que tal marcar um horário na agenda para atender as pessoas e para pensar sobre aquele problema que depende da sua decisão? Do contrário, a atenção vai para outros "lugares" devido às interrupções internas e externas.

E ainda existem as interrupções eletrônicas que, depois da aceleração digital dos últimos anos, lideram o ranking das distrações que mais detonam a produtividade, na minha visão. Smartphones facilitam a vida, mas quando mal-usados tornam-se armas de distração em massa. WhatsApp agiliza a troca de mensagens, porém devemos adotar o hábito de silenciar todas as notificações. Acha exagero? Não é. A Apple chegou a divulgar uma pesquisa,[34] indicando que as pessoas desbloqueiam a tela do celular em média oitenta vezes por dia, 2.400 vezes em um mês. Pense na quantidade de tempo dedicado só para isso.

> **A necessidade absurda de checar a todo momento aplicativos, redes sociais, caixa postal contribui (e muito!) para a procrastinação. Quando um gestor transmite a ideia de que está disponível 100% do tempo, abre a porta para ser solicitado indiscriminadamente.**

É loucura o profissional dar permissão geral para ser acionado a qualquer hora, porque ficará resolvendo pepinos, descascando abacaxis... E, no fim do dia, será que fez o que dependia exclusivamente dele? Ou apenas cuidou de uma "quitanda" de problemas, foi improdutivo, sem foco no primordial? Um atleta de alta performance é construído em cima do desenvolvimento do foco. No universo dos negócios, quanto mais o empreendedor conseguir trabalhar focado no que precisa fazer para ter o resultado almejado, melhor.

Quando ouço meus mentorados relatarem sua rotina, eu questiono: "O que você fez?". E deixo claro que não estou perguntando sobre

---

34 DEMARTINI, M. Apple expõe quantas vezes ao dia você desbloqueia seu iPhone. **Exame**, 19 abr. 2016. Disponível em: https://exame.com/tecnologia/apple-revela-quantas-vezes-voce-desbloqueia-seu-iphone. Acesso em: 13 maio 2022.

"Estica e finaliza" para ser produtivo

o que *tentaram* ou *pretendiam* fazer. Em seguida, costumo sugerir que desativem todas as notificações do celular.

A primeira reação é de angústia. Parece que eu estou pedindo algo surreal. Uma vez, em conversa com uma mentorada, ela disse que acreditava ser preciso estar sempre atenta a qualquer novidade no celular, pois poderia ser acionada para resolver um problema urgente. Eu perguntei com qual frequência havia ocorrido algo sério assim na semana anterior. Nenhuma. Para que ela deixasse de consumir tempo e energia com uma expectativa, orientei delegar a um estagiário a tarefa de ficar atento a qualquer urgência, telefonando imediatamente. Assim, poderia focar as estratégias que dependiam *dela*: atender mais pessoas, captar recursos, elevar a eficiência da operação...

Pensando em reuniões, quem nunca participou de uma em que dois falavam e meia dúzia ficava mais atenta ao celular? E no atendimento a clientes ou colaboradores, quando o interlocutor pede para continuar falando enquanto ele checa a mensagem que recebeu? A perda de tempo, energia e produtividade é para ambos os lados.

Organize-se para seu processo de trabalho funcionar

Um artista, trabalhando sozinho em seu ateliê, talvez tenha um processo criativo mais livre, e funcione. Mas, de maneira geral, é difícil pensar em negócios prósperos sem que exista um processo em desenvolvimento, principalmente aqueles que envolvem capacitação constante das equipes, clientes que entram e saem, escalabilidade e entregas de maneira recorrente.

Esse processo de trabalho pode ser construído internamente ou não. A nossa empresa, por exemplo, oferece uma estrutura aos empreendedores do nosso setor, que só precisam confiar e implementá-la. Desde um planejamento de aulas de natação até maneiras de avaliar os alunos, de se comunicar com os pais, de possibilitar o desenvolvimento dos professores e coordenadores.

Não é necessário construir esses elementos, mas continua sendo importante ter organização e energia, além de habilidades como foco e

No universo dos **negócios**, quanto mais o empreendedor conseguir trabalhar focado no que precisa fazer para ter o resultado almejado, **melhor.**

"Estica e finaliza" para ser produtivo

disciplina, para garantir que o processo como um todo esteja girando dentro do seu negócio. O que você planejou está sendo executado a contento? Isso otimiza seu tempo para que foque as pessoas – tanto as que trabalham para você quanto as que pagam por sua entrega.

Um dos grandes retornos desse foco no cliente e na equipe (resultado de um trabalho organizado) é maior clareza do seu resultado operacional, da sua lucratividade. Com esses indicadores, é possível traçar metas para aumentar a rentabilidade, porque você já sabe o caminho que quer seguir, tem uma metodologia eficiente e pode colocar prazos para ir mais rápido e, com o seu time, mais longe.

> **Muitos profissionais prometem inúmeras iniciativas ao mesmo tempo e realizam as tarefas aleatoriamente, sem planejar nem levar em consideração as consequências. Entretanto, parar, refletir e se organizar promove ganho de tempo, energia e qualidade.**

Para quem é empreendedor de primeira viagem e ainda está montando o negócio, um bom começo é mapear todas as possibilidades, até as mais sonhadoras. Depois, colocar os pés no chão e refletir: *dentro dessas possibilidades, o que eu consigo fazer com os recursos que eu tenho – ou com os que posso conseguir – e quando?* Ao desenhar o passo a passo dessa construção, planejará o futuro do seu negócio.

Quais competências precisa desenvolver? Quanto dinheiro necessita inicialmente? Pesquise e faça orçamentos, depois faça um financiamento bancário, pegue dinheiro emprestado com familiares ou encontre sócios. O que quer para esse negócio? Analise o mercado para definir um diferencial entre os demais. Esse passo a passo ajuda a clarear qual processo de trabalho precisará ser implantado.

Seja específico ao selecionar suas prioridades

Depois de abrir a mente e pensar de maneira ampla, uma técnica que ajuda a focar é a criação de palavras-chave. Quem acompanha meus

Prepara... vai!

conteúdos sabe que as minhas são "faça, ouse e persista". Também vale a pena escolher uma frase alinhada à sua expectativa, que possa ser lida no futuro e faça sentido para você, depois de se perguntar: "Daqui a um ano, o que estará acontecendo? E daqui a cinco anos?". Quanto mais específica for essa visão, melhor.

Por exemplo: "Em um ano, eu terei uma academia funcionando com foco em natação infantil, utilizando uma metodologia de ensino que leve educação por meio do esporte a esses clientes, e um resultado operacional anual de 20%". Isso é uma frase-meta, um objetivo, uma busca, uma promessa que você quer cumprir.

Ao constatar que a realidade não está caminhando para essa direção, você precisa voltar para o planejamento falho e corrigi-lo. Talvez precise incluir parcerias com clínicas pediátricas, participações em eventos na cidade que atraiam pais com seus filhos. Precisará rever os seus gastos, número de clientes, ticket médio etc. Há uma série de métricas e indicadores estratégicos que você pode utilizar para não se desviar da rota de novo e alcançar uma lucratividade mensal que melhore o seu resultado anual.

Ainda sobre frases-meta, uma boa ideia é escrevê-las antes de planejar as ações, quando você está pensando no que quer que aconteça ao final de um projeto ou período. No livro *Onde os sonhos acontecem*,[35] Rober Iger, CEO da The Walt Disney Company, também recomenda utilizá-las para prioridades específicas – e reforça que devem ser três, no máximo.

Fizemos esse exercício na nossa empresa quando planejamos o que queríamos para o ano de 2021. Alcançamos diversos objetivos, mas não todos. Os números da pandemia pareciam estar caindo em janeiro daquele ano, entretanto, uma segunda onda trouxe novas variantes, impactando fortemente o nosso setor e o cenário socioeconômico do país.

Tivemos de fazer um esforço grande para redefinir e comunicar quais seriam as nossas prioridades dali em diante. De acordo com o Iger, muitas vezes achamos que uma lista de tarefas mais longa é melhor, mas

---

35 IGER, R. **Onde os sonhos acontecem:** meus 15 anos como CEO da The Walt Disney Company. Rio de Janeiro: Intrínseca, 2020.

"Estica e finaliza" para ser produtivo

isso pode diluir o foco de realização. Sair das generalidades é algo que muitos empreendedores precisam fazer com urgência.

Gestão requer objetividade, voltar-se mais para a realização e menos para a intenção. Em vez de apenas reconhecer "preciso me concentrar sem olhar tanto para o celular", programe uma atitude "ficarei longe do celular por um período do meu dia, entre as dez horas e onze e meia". Gerir bem o tempo influencia sua produtividade, repito.

Para não ceder aos detonadores da alta performance, priorize o que favorece os seus objetivos. Pergunte-se: "Isso que vou fazer vai trazer o resultado que eu quero?". Com uma mistura daquilo de que *gosta* com aquilo de que *precisa*, do que dá *prazer* com o que dá *resultado*, terá um combustível *premium* para avançar a longas braçadas.

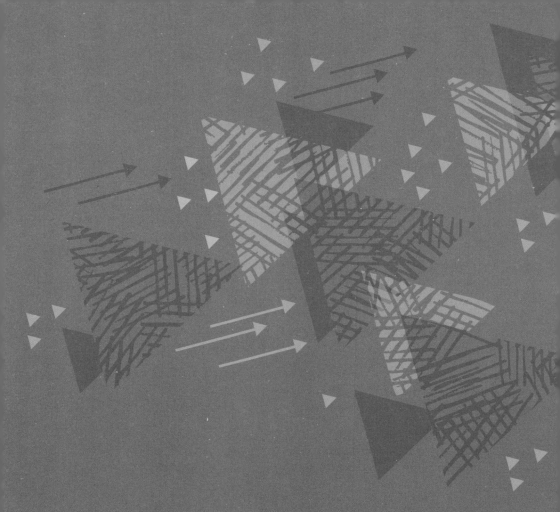

CAPÍTULO 7

Paixão como combustível

Entregar-se profissionalmente a algo pelo qual seja apaixonado pode parecer meio clichê, mas para tantos empreendedores, eu incluso, é combustível mais do que *premium*, de alta octanagem, para ir mais longe e sentir uma satisfação que não tem preço. Uma frase do teólogo alemão Albert Schweitzer me conforta: "O sucesso não é necessário para a felicidade. A felicidade é necessária para o sucesso. Se você ama o que faz, você terá sucesso".

Eu acredito mesmo que a paixão, no sentido de gostar com intensidade daquilo que fazemos, está diretamente relacionada ao resultado. Quanto mais estamos dispostos a interagir com os vários desafios e dificuldades para fazer a coisa acontecer, gostando daquilo, mais aumentamos as chances de trazer um retorno positivo.

Imagine passar uma vida inteira fazendo algo pelas razões erradas. Dinheiro, por exemplo, compensa ter de conviver com algo que detesta pelo resto da vida? Ou é a pressão da família, que já tinha o negócio e o entregou na sua mão para gerir? Quando eu ainda era adolescente, fui incentivado a praticar vôlei e basquete pela minha altura. Comecei a fazer várias atividades ao mesmo tempo, sem gostar muito delas, até que escolhi a natação.

Aos 10 anos, eu sentia vontade de estar dentro d'água, de dominar as braçadas para alcançar o outro lado da piscina. Depois das aulas, ouvia dos meus pais que, para ter sucesso na vida, precisaria comer muito, treinar muito e estudar muito. Hoje, reflito, não precisamos ir para as melhores universidades do mundo para termos os melhores ensinamentos da vida. As pessoas mais próximas, das nossas relações afetivas, nos transmitem os valores mais importantes, como honestidade, lealdade, respeito, cooperação... Elas também nos ensinam, principalmente com exemplos, que "nem tudo são flores", mas podemos transformar

Prepara... vai!

a nossa realidade para melhor com paixão por aquilo que almejamos, mesmo eventualmente tendo de fazer coisas que não queremos e das quais não gostamos.

Tinha algo por trás daquele conselho triplo dos meus pais: valorizar a saúde, o trabalho e o conhecimento. Esses valores me ajudaram na formação profissional como atleta, inclusive conquistando uma bolsa para cursar Economia na Universidade de Michigan, nos Estados Unidos. Claro que meus pais não sabiam que eu seria bolsista em uma das melhores universidades públicas do mundo, mas certamente pensaram que, se me encaminhassem para algo de que gostasse, me dedicaria muito mais e chegaria longe.

> **Por isso, se eu fosse você, identificaria o que quer para o seu negócio e o que não quer, colocando todo o seu esforço e energia para entregar com paixão e foco.**

Mesmo gostando muito, é difícil ser gestor, pois nos deparamos com vários desafios e dificuldades. Em um negócio que depende de foco, é mais fácil alcançar os resultados com uma motivação extra – que pode ser paixão, um canalizador da nossa energia, disciplina, produtividade... para fazer uma grande entrega. Portanto, dê um jeito de gostar do que faz ou de fazer o que gosta!

Quando eu era atleta, mesmo amando estar nas piscinas do mundo, não gostava de acordar por volta das 5 horas da manhã nem de água fria. Mesmo assim, a disciplina me levava para o treino. O foco mantinha a atenção no que precisava ajustar. Gastar energia gerava mais energia ainda para aprimorar a performance, motivando-me a me desafiar cada vez mais. Ao longo dessa cadeia de elementos para um trabalho bem-feito, eu acumulava conquistas.

Tenha clareza de propósito para criar valor

A maior clareza que devemos ter é sobre quem queremos nos tornar como pessoas e o que almejamos como projeto de vida. A clareza de

Paixão como combustível

propósito com o trabalho é um norte, uma espécie de bússola interna que leva os profissionais a darem um sentido maior ao seu esforço, fazendo algo que vai além da remuneração. Sabe aquela satisfação que não tem preço, que nos faz sentirmos úteis, relevantes? Todo mundo pode se sentir assim, não importa se trabalha com pneus, com crianças, com cosméticos, com comida etc.

É compreensível que muitos restaurantes, fábricas, lojas, escolas, escritórios, clínicas, agências, editoras e até indústrias existam porque um dia seus fundadores precisaram gerar renda para si e para a sua família. Entretanto, aqueles que descobriram um propósito além do lucro tiveram mais clareza para se posicionar na frente de clientes, colaboradores, vizinhos e comunidade. Com isso, naturalmente a sua narrativa passou a ser carregada de paixão e entusiasmo, por estarem oferecendo benefícios ao mercado.

Um bufê infantil pode ter o propósito de entregar alegria e sociabilidade, enquanto a clínica dentária devolve o sorriso aos pacientes e a fábrica de embalagens reutilizáveis para delivery promove a sustentabilidade. São apenas alguns exemplos de entrega de valor para inspirar outros empreendedores a refletirem sobre o propósito daquilo que fazem.

Volto novamente a um exemplo pessoal. Na Academia Gustavo Borges, definimos entre os sócios que um dos pilares essenciais seria educar por meio da natação. A proposta não era apenas ensinar as pessoas a nadar ou proporcionar aulas de hidroginástica, pilates e musculação, mas transmitir valores como respeito, disciplina, gratidão e colaboração, formando cidadãos que pudessem carregar tais princípios para onde quer que fossem.

Desde então, com cada aluno que ingressa em nossas academias ou nas de nossos credenciados e recebe essa formação, nós sentimos uma alegria imensa. Significa que o nosso objetivo maior está sendo atingido. É quando damos um salto para a zona de expansão, acreditando que podemos realizar algo incrível na vida dessas pessoas.

Por meio do MGB, assumimos um papel relevante na conscientização da importância da atividade física. O Brasil é o país mais sedentário da América Latina e o quinto no ranking mundial, segundo a

109

Prepara... vai!

Organização Mundial da Saúde (OMS).[36] Com esse trabalho focado na natação, criamos um ambiente para promover o esporte e a saúde e mudar essa realidade do país.

Quando os clientes investem na nossa metodologia, eles pensam dessa maneira macro: "A equipe do Gustavo promove a educação por meio da atividade física, e gostamos disso!", mostrando que esse propósito os impacta. Porém, sua primeira "dor" é operacional, relacionada à complexidade de gerir o negócio. Eles demandam um método de trabalho que traga mais alunos e os fidelize; e que funcione muito bem no dia a dia, aliviando a carga de tarefas e de preocupações.

Depois, existe a preocupação de promover maior capacitação e atualização com treinamentos para seus profissionais e para eles próprios (*como fazer e quanto vai custar?*). Há ainda a "dor" de se virarem sozinhos diante de tantos desafios, que é substituída pelo sentimento de pertencimento por fazerem parte de uma rede nacional. Imagine o bem que faz às academias de cidades pequenas, no interior dos estados, estarem conectadas com as das grandes capitais do país?

Seja na nossa rede, seja nas várias existentes para profissionais de outras áreas (inclusive fazendo parte da associação do seu setor), a troca de informações, o acolhimento, a percepção de que muitos possuem as mesmas dúvidas, as soluções compartilhadas... Tudo isso contribui para o fim da solidão, e dá forças para seguir em frente com mais ânimo e conhecimento.

Uma vez que ajudamos com essas "dores" iniciais, conseguimos mostrar que fazemos muito mais por eles, promovendo um relacionamento salutar com os pais e o desenvolvimento comportamental e de valores dos filhos. Mostramos que, além de elevar o faturamento atraindo mais alunos, melhorar o processo de trabalho e treinar seus colaboradores, é perfeitamente viável educar por meio da natação como propósito, missão, trabalho que cria valor.

Educar por meio da natação é muito mais amplo do que a maioria deles imaginava quando conheceu a MGB, e essa surpresa nos motiva

---

36 SOARES, M. Brasil é o 5º mais sedentário do mundo e lidera o ranking na América do Sul. **Fiesp**, 8 maio 2019. Disponível em: https://www.fiesp.com.br/sindoleo/noticias/brasil-e-o-5o-mais-sedentario-do-mundo-e-lidera-o-ranking-na-america-do-sul-oms-quer-mudar-este-quadro/. Acesso em: 21 jun. 2022.

Paixão como combustível

ainda mais a persistir na nossa entrega. Mas a primeira barreira a ser superada é sempre a operacional, porque temos clientes apaixonados pelo que fazem e muito "mão na massa".

Primeiro, acolhemos suas principais dores, respondendo à pergunta implícita: "O que vocês vão resolver para mim?". Resposta: nós forneceremos um método de trabalho para que você venda mais e fidelize os seus alunos, tenha processos que funcionem bem, treine adequadamente seus colaboradores. Oferecemos ferramentas de trabalho, assessoria contínua com nossa equipe, treinamentos, eventos, suporte para marketing e todas as soluções que tangem a parte pedagógica do negócio. Só não substituímos o seu papel de gerir esse organismo vivo que é o negócio, fazendo você evoluir. Para alguém que trabalha com paixão, essa gestão torna-se mais prazerosa. Sem isso, pode ser penosa.

Daniel Goleman tem razão quando diz, no livro *Foco,* que "o prazer é o marcador emocional para a entrega".[37] Quem está apaixonado por aquilo que faz sente-se mais motivado a buscar a excelência, fica mais focado e mais comprometido com suas escolhas. E o perfil do gestor que se credencia ao MGB é de quem ama estar às voltas com água, atividade física, pessoas apaixonadas por esportes e, por isso, escolheram trabalhar com isso e cuidam com paixão do negócio, porque é a sua obra-prima, e se esforçam muito para que dê certo.

A relação amorosa que esses gestores têm com seus negócios é semelhante a de muitos outros, independentemente do setor ou do porte. Quer um exemplo? Ao comentar sobre o grande líder empresarial Antônio Ermírio de Moraes, que consolidou o Grupo Votorantim, Luciana Moraes disse em entrevista que "a paixão dele era a fábrica; era a forma como ele amava a vida",[38] entregando o propósito de seu pai. E você: o que há no seu negócio de tão apaixonante com potencial de se expandir para o modo como ama a vida?

---

37 GOLEMAN, D. *op. cit.*

38 SANTIAGO, T. "A paixão dele era a fábrica", diz filha de Antônio Ermírio de Moraes. **G1**, 25 ago. 2014. Disponível em: https://g1.globo.com/sao-paulo/noticia/2014/08/paixao-dele-era-fabrica-diz-filha-de-antonio-ermirio-de-moraes.html. Acesso em: 30 maio 2022.

Prepara... vai!

Realize seu sonho de ser o maior

Com nosso propósito claro e consistente, tivemos a grande honra e o prazer de abraçar um desafio gigantesco! Desenvolver e impactar milhares de pessoas a partir do conhecimento e de experiências únicas e, dessa maneira, conectar o mundo da natação. Hoje, somos os responsáveis pelo maior evento de natação formativa e gestão aquática do mundo. Deu muito trabalho, mas também trouxe felicidade e satisfação de contribuir com o nosso setor.

O ano de 2018 ficou marcado pelas inovações no formato, que transformaram a nossa convenção de proprietários de negócios do setor credenciados da MGB, que acontecia em outro formato desde 2007, no 1º Encontro Internacional de Natação. Tivemos a visão de trazer algo novo aos profissionais que vivenciavam a atividade física com tanta dignidade, empenho e responsabilidade. Queríamos fazer o maior evento do mundo, com palestrantes de todos os cantos do planeta. E como qualquer projeto grandioso, essa construção foi intensa, com reuniões de planejamento e meses de trabalho para organizar os detalhes. Mas a receptividade da ideia pelo nosso setor no Brasil e pela comunidade mundial não poderia ter sido melhor!

O ano de 2020 foi ainda mais especial, com 136 palestrantes de dezessete países que transmitiram seu conhecimento a mais de 10 mil apaixonados por natação via plataforma virtual. Decidimos fazer o evento 100% on-line e sem custo para os participantes. Nossa empresa tem o objetivo de gerar lucro, como qualquer outra de iniciativa privada, e temos uma estratégia de negócios focada nisso. Naquele ano específico, entretanto, queríamos dar uma injeção de energia, ideias e coragem para impulsionar esse segmento tão penalizado durante a pandemia de covid-19. E assim foi feito!

Para a edição de 2022, reunimos mais de sessenta horas de conteúdo ao vivo, teórico e prático, incluindo três congressos, vinte cursos, hall científico, palestrantes de seis países diferentes, feira de negócios, experiências e networking únicos. E ainda tivemos a alegria a mais de voltarmos ao abraço, com o retorno do evento presencial por três dias inteiros, na capital paulista, após tanto tempo de isolamento e preservação.

112

Paixão como combustível

Expanda sua paixão ao time

Uma vez que a paixão esteja canalizada para o seu objetivo, outros fatores são fundamentais para garantir a excelência no resultado. Daniel Goleman também trata disso em seu livro *Foco*.[39] No nosso sonho que se tornou realidade, entre os fatores que nos ajudaram a construir um evento inédito e extraordinário, destaco o trabalho da equipe, também apaixonada, que comprou a nossa ideia e se envolveu para fazer a entrega; a visão empreendedora, a colaboração, o companheirismo, a união e a unidade.

Atribuo a três principais características, além da paixão, a realização do sonho de sermos os maiores do mundo:

- **Clareza, com motivação e foco.** A nossa busca estava muito clara para todos nós: fazer o maior evento de natação do mundo, trazendo novidades, qualidade e diversidade de temas na programação. No momento em que falamos sobre o projeto, a motivação de todos e a energia de fazer acontecer superaram qualquer receio. Foco no resultado e clareza sobre o que seria necessário foram decisivos para o sucesso.

- **Uma boa execução, em detalhes.** Foram horas dedicadas a contatos com palestrantes, organização de agendas, roteiros e muitos outros pontos cruciais para colocar o evento em pé. Além de um plano bem-feito, não podíamos nunca subestimar a execução, precisávamos buscar a excelência. Para isso, tínhamos de dar atenção aos detalhes.

- **A entrega de um time exemplar.** O esforço de todos os que trabalharam conosco, em cada fase do projeto, seja para buscar as melhores opções em termos de conteúdo, seja para divulgar o evento da maneira adequada, garantindo alto índice de participação e de satisfação com o que entregamos. Que time! E que paixão pelo trabalho! São o exemplo de que os melhores colaboradores são os com espírito empreendedor. Juntos, fomos audaciosos e fizemos nosso melhor.

---

39 GOLEMAN, D. *op. cit.*

A **paixão**, no sentido de gostar com intensidade daquilo que fazemos, está diretamente relacionada ao **resultado**.

Essas três características principais nos permitem enxergar o comprometimento com o resultado em cada etapa do processo. Quando executamos com excelência e paixão, mesmo as atividades mais básicas, o resultado acontece – não por sorte ou acaso, mas por força do trabalho e da dedicação de um time que acredita em um sonho grande ao lado do gestor.

Contribua com uma causa

Felicidade, conexão com as pessoas e novos aprendizados são alguns dos benefícios de contribuir com uma causa, para além de buscar resultados. Enquanto estamos ajudando algo ou alguém, temos lições que podem nos incentivar a superar os próprios problemas. São insights que auxiliam o nosso crescimento e alimentam a nossa confiança. Somos seres sociais e precisamos dessa corrente humana do bem, precisamos nos relacionar.

Dentro do nosso universo de clientes, muitos promovem ações de responsabilidade social. Via de regra, esses empreendedores são empáticos às dificuldades das comunidades ao seu redor, colaboram com projetos de instituições religiosas, apoiam causas junto a ONGs locais. É louvável cultivar a atitude de amor ao próximo, disseminando a satisfação de fazer o bem. Além disso, representa um diferencial para o negócio, despertando a admiração e principalmente a participação dos clientes nesses feitos de cidadania.

Também temos clientes que demostram consciência a respeito da sustentabilidade, realizando ações importantes no sentido de economizar água e energia, reciclar materiais etc. Para esses, tornou-se um propósito, interligado com o de educar pela natação. Tudo isso é vitamina para empreender. E precisamos educar as pessoas desde pequenas sobre isso, o que confere ainda mais significado ao nosso propósito com a MGB.

Sacrifique-se, com autocontrole

Você já conhece a minha visão sobre vencer ou perder. Sabendo que o resultado, positivo ou negativo, é transitório, pode canalizar o combustível

Prepara... vai!

da sua paixão para persistir na busca. Invista tempo, dinheiro, energia em algo que faça sentido; e sacrifique-se, mas com autocontrole para não se sobrecarregar.

Quando estamos na construção de alguma coisa, a palavra sacrifício muitas vezes é taxada como ruim, remete à imagem de um animal abatido. Uma pergunta frequente é: "O que você sacrificou para chegar aonde chegou?". Quem tem autocontrole responde: "Deixei de fazer algumas coisas por escolha própria, e o caminho que eu segui me levou a um lugar melhor".

Com disposição para entregar tempo e energia na busca por seu objetivo, fica mais fácil renunciar ao que não contribui para sua jornada ou que pode até atrapalhá-la. O sacrifício é o compromisso de fazer algo grande e com autocontrole para não se distrair. A palavra tem origem latina, *sacrificium*, e significa "fazer algo sagrado". Portanto, mude a sua perspectiva sobre esse termo e passe a interpretá-lo como uma oportunidade. Dessa maneira, alinha-se foco e escolhas. E, quando há paixão, essas escolhas, e consequentes renúncias, levam a recompensas sempre maiores.

Eu me apaixonei pela natação desde o início, apesar dos treinos árduos e da dedicação intensa. Fui para os Estados Unidos e fiquei longe da minha família por praticamente dez anos. Como muitos empreendedores que se empenham para fortalecer o seu negócio, eu sentia falta da liberdade de uma pessoa "normal". Mas para quem está comprometido com um objetivo grande e é apaixonado pelo seu ofício, o sacrifício vale a pena.

Já tive momentos em que me surpreendi comigo (*Nossa senhora, eu fiz mesmo isso?*), e outros de muita reflexão, como na última competição da qual participei. Até certo ponto estava triste, emotivo, pensativo sobre os acontecimentos até ali e a construção daquele sonho. Depois, fiz uma transição para um novo propósito, mas mantendo a paixão pela natação: como empreendedor em três áreas – metodologia, academias próprias e palestras e mentorias. Hoje, tenho a possibilidade de plantar uma sementinha nas pessoas para acreditarem que seus sonhos também podem acontecer!

Paixão como combustível

Quando nos deparamos com decisões de seguir em frente ou de questionar se a entrega está valendo a pena, voltamos ao compromisso assumido e às razões das escolhas que fizemos. E uma forte razão é a paixão. Ela nos move.

Não podemos deixar de sonhar nunca, mas sempre promovendo ações focando o lugar ao qual queremos chegar, buscando conquistas com paixão e respeito ao próximo, fazendo o nosso melhor – hoje, aqui, agora. Dessa maneira, temos autocontrole para abrir mão de algumas coisas em prol de outras de maior importância.

Tenha comprometimento consigo

Essa paixão de que tratamos neste capítulo também abrange um aspecto mais intimista, particular, que é desenvolver autoconfiança, autoestima e amor-próprio para gerir o seu negócio sem tentar agradar a todos. Às vezes, parece difícil aceitar isso.

Estamos tão acostumados a fazer as coisas pelos outros, ou a tentar agradar alguém, que nos esquecemos de que estamos nesse negócio por nós mesmos.

Ao mesmo tempo, devemos ter coragem para aceitar que nem todo mundo vai gostar de nós. E está tudo bem. Desde que sigamos harmonicamente com os nossos propósitos e valores, com respeito, ética, vontade de acertar. Assino embaixo da mensagem dita por algumas personalidades, como o presidente norte-americano John F. Kennedy: "Não conheço nenhuma fórmula infalível para obter o sucesso, mas conheço uma forma infalível de fracassar: tentar agradar a todos".

Comprometer-se consigo também significa que, em algum momento, você poderá fazer uma transição de atividade/responsabilidade/projeto para não se acomodar, e a sua paixão pode amornar. O sucesso naquilo a que se propõe é, sem dúvida, um dos maiores desejos de qualquer gestor. Quando atingido, proporciona satisfação, mas também pode significar que chegou ao auge do seu objetivo, precisando de um novo – dentro do mesmo negócio ou em outro.

No esporte, quando você está em idade competitiva, a busca pela medalha olímpica é a maior meta de um jovem atleta. Subir ao pódio é a maior felicidade – mas não é duradoura. Por isso, a transição para outro objetivo é uma das alternativas para promover novos ápices na trajetória profissional, reinventando a sua paixão ou até cultivando outra. Para o atleta, este é um momento de ruptura de algo que fazia com excelência para algo completamente diferente e pelo qual pode se apaixonar também.

Tenha sócios que compartilhem a sua paixão

Sociedade pode ser uma experiência positiva quando o relacionamento entre os sócios é bom, há divisão de responsabilidades e complementariedade de competências.

Eu e meus sócios estamos juntos desde 2002. Em comum, temos o fato de sermos quatro ex-nadadores que alcançaram vitórias e aprenderam a amar e valorizar o esporte. As diferenças no estilo de gerir os negócios também agregam. Por exemplo, o Renato Ramalho tem um perfil de vanguarda, enxerga lá na frente e está sempre em busca de novos projetos. Já o Felipe Malburg, mais objetivo, é aquele gestor que a cada ideia questiona: "E como vamos fazer isso?". É bom para todo empreendedor ter um colega que estimule a sua imaginação e outro com os pés no chão. Dessa combinação sempre sai coisa boa. Além deles, meu xará, Gustavo Pinto, é arquiteto, e contribui com opiniões equilibradas nas obras. Juntos, formamos um quarteto forte.

Há empreendedores que preferem trabalhar sozinhos. A minha opção por sócios é porque eles me complementam. Eu estava em uma fase da vida em que só dava braçadas dentro da água e havia decidido empreender fora dela, mas não sabia nem por onde começar. Para mim, sociedade é como casamento: você escolhe e é escolhido, com a diferença de todos serem mais objetivos sobre o que querem.

Devemos ter **coragem** para aceitar que nem todo mundo vai gostar de nós. E está tudo bem.

Prepara... vai!

Com o Renato, que está comigo desde o início, sempre tive uma conexão muito forte. Ele administrava um negócio do qual desejava sair e já queria trabalhar com atividade física e bem-estar. Um disse ao outro: "Vamos fazer?".

Construímos e trouxemos os outros sócios para agregarem no negócio, um mais técnico e outro um ex-executivo. Temos pensamentos, personalidades, capacidades e especialidades diferentes, o que ficou ainda mais evidente quando fizemos a avaliação de dominância cerebral de Herrmann (HBDI),[40] que mostra como cada pessoa processa as informações e aprende e qual é o seu estilo comportamental. Mais analítico, técnico, objetivo, um executor dedicado? Ou mais relacional, buscando se conectar com os outros e sentir os fatos? Gosta de experimentar coisas novas, criar, desenvolver uma visão? Ou quer organizar, planejar, controlar com seu senso prático?

Começamos a sociedade em 2002, e a metodologia nasceu em 2005. Propostas na mesa, e eu no meio do campo, pois o importante não é concordar. Crescemos de maneira orgânica, o que exigiu dos sócios dedicação mental e de tempo, principalmente. Empreender em grupo é gostoso, intenso, com uns discutindo e outros apaziguando. Existe uma paixão que nos une, e que é transferida para o negócio como propósito. Conforme eu disse, queríamos trabalhar com atividade física, sobretudo a aquática, montando academias próprias e licenciando nossa metodologia exclusiva.

Trabalhar com o licenciamento é sensacional, em especial pela escalabilidade para o Brasil inteiro, e também para outros países, daquilo que sabemos que dá certo, impactando mais e mais vidas por meio do esporte e da educação. Nosso foco é de empresa para empresa, muito alinhado às "dores" dos gestores, que são os tomadores da decisão de implementar e engajar seu time na mesma direção.

Mesmo com a força conjunta, sofremos certa resistência do mercado, mas era compreensível que gestores e colaboradores tivessem a impressão inicial de que perderiam a liberdade de trabalhar do seu jeito. Ainda hoje reforçamos que ter um processo de trabalho estruturado e atualizado periodicamente fornece uma base e segurança para os

---

40 Conheça a ferramenta em: https://herrmann.com.sg/hbdi/. Acesso em: 19 jul. 2022.

profissionais usarem melhor a sua criatividade e a sua potência, capacitando-se cada vez mais.

Na realidade, a falta de um método comum a todos é o que dificulta colocar em prática o talento, o conhecimento, o empenho. Ainda mais dentro de um ambiente voltado à educação e à saúde, não é recomendável que cada um entre e faça o que quiser. E isso também vale dentro da sociedade. Portanto, se quiser ter sócios, tenha certeza de que todos estão olhando na mesma direção, mesmo que tenham perfis diferentes.

Seja um empreendedor apaixonado, mas equilibre intuição e razão

De posse da nossa metodologia, quem a personaliza é o cliente. Mesmo para um empreendedor visionário e apaixonado pelo que faz, sempre há novos conhecimentos para aprender e aprimorar. Se for um profissional em início de carreira, então, tem muito a ganhar com a nossa larga experiência em gestão aquática. E há ainda os colaboradores, muitas vezes recém-saídos da graduação e receosos de perguntar como montar aulas, por exemplo.

Com um método pedagógico, o empreendedor poderá dar suporte, incluindo uma programação de aulas para ajudar o time a construir um trabalho mais estruturado e avaliar a evolução dos alunos. Por exemplo, uma criança de 6 anos que nada 15 metros em nado livre, qual nota receberia? Um professor pouco experiente poderia dar a nota 5; enquanto eu, levando em conta parâmetros como flutuação e respiração, poderia dar a nota 1. É importante criar um critério com embasamento para traçar novas metas e explicar aos pais como seu filho está evoluindo. Trata-se de longo prazo, visando produção e progresso, com a paixão do time impulsionando tudo e todos rumo à excelência.

No caso da natação, muito do que o gestor entrega é resultado de sua metodologia de trabalho. Como pretende aplicá-la para atingir o propósito de entregar educação e saúde por meio da atividade física? É preciso, por exemplo, capacitar o time e estabelecer um relacionamento

Prepara... vai!

de confiança com os pais. Auxiliamos nisso, e esse gestor é o responsável por fazer acontecer.

Muitas vezes, o gestor está tão apaixonado pelo negócio que quer partir para a ação sem avaliar a produção e o progresso, sem indicadores confiáveis, sem saber direito "o como". E acontecem acidentes de percurso que poderiam ser evitados. Por isso, atente-se a alguns pontos:

- **Ter cautela com os modismos.** Não adianta resolver, do dia para noite, montar uma quadra de *beach tennis* só porque virou "febre". É importante fazer uma análise crítica do investimento e do impacto no seu mercado, separando o que é temporário (com "prazo de validade") do que é tendência (com a qual poderá lucrar).

- **Dar ótimas ideias e persistir na execução.** Todos nós conhecemos empreendedores que falam com empolgação que vão fazer um monte de coisas. Eles dão ideias ótimas e acham que já fizeram a sua parte, esperando que os outros coloquem a "mão na massa". Às vezes, é algo simples, mas que vai custar horas de trabalho de alguém.

- **Não se centrar apenas no que está por vir.** Os grandes empreendedores que conhecemos pela mídia são visionários, mas também rodeados de gestores com a responsabilidade de avaliar os aspectos objetivos de suas ideias impetuosas. Dois aspectos devem ser analisados com cautela a cada inovação: os recursos, se existem ou não e quais serão necessários; e a execução, quem vai fazer e como.

- **Ter um olho nos números e outro nos seus instintos.** Quem olha só para planilhas com números não percebe todo o resto ao seu redor. Geralmente, o empreendedor que ama o que faz é muito intuitivo, e isso é uma virtude, desde que dosada com a razão. Com pouca intuição e bastante análise crítica/raciocínio lógico, o gestor se arrisca pouco a inovar. O ideal é reunir dados e números para decidir se vale a pena ir pelo caminho que sua intuição mandou.

Paixão como combustível

De uma coisa temos certeza: nunca será tudo perfeito. Todos nós queremos ficar satisfeitos, realizados com o que nossa empresa faz pelas pessoas, e colher resultados. Só que essa satisfação não se compra, não é automática; cada um a constrói. Ou seja, resulta do esforço. O segredo da vida, segundo o filósofo Mario Sergio Cortella, é saber que vaca não dá leite, você tem de tirar.[41]

Na nossa realidade de empreendedores, tomamos decisões que não são agradáveis e enfrentamos obstáculos. Porém, se os nossos negócios nos encantam, acertamos a rota e seguimos crescendo. Superamos, delegamos, buscamos soluções diferentes, com as pessoas certas que escolhemos para estar ao nosso lado. Mas como cercar-se delas? Respondo a essa pergunta nas próximas páginas.

---

[41] O GRANDE segredo da vida #cortella. 2022. Vídeo (58s). Publicado pelo canal Mamãe Período integral. Disponível em: https://www.youtube.com/watch?v=kUb7hsRdRQw. Acesso em: 19 jul. 2022.

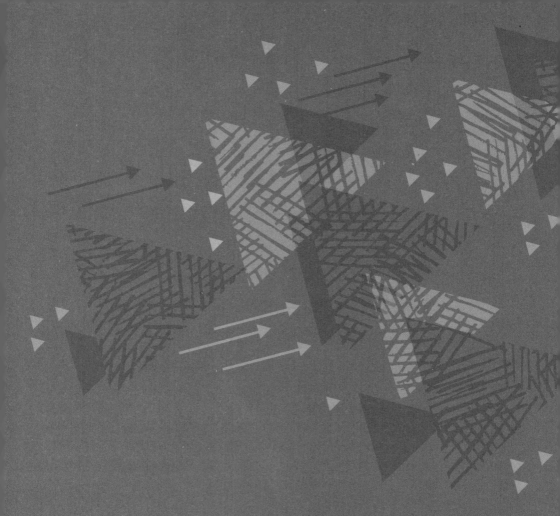

CAPÍTULO 8

Cerque-se de boas pessoas

Liderança é a principal competência da gestão, e diz respeito ao trabalho em equipe. Quem lidera um negócio, seja gestor ou empreendedor, ou um departamento, como coordenador ou responsável por uma área, está inserido em um trabalho conjunto que influencia o seu resultado final. Portanto, avaliar a maneira como você enxerga a sua equipe é fundamental.

Para aqueles que ainda estão sendo liderados, também é importante entender a liderança para enxergar como contribuir com a sua equipe e também como se desenvolver para esse novo cargo. Muitas vezes, focamos apenas as nossas atividades do dia a dia e não percebemos o esforço que o líder faz para contribuir com nosso desenvolvimento.

Das quatro medalhas olímpicas que ganhei ao longo da minha carreira de atleta, uma delas foi no revezamento 4 × 100 metros livre, em Sydney, na Austrália. Foi um grande resultado do trabalho em equipe. Há uma falsa ideia de que o trabalho de natação, por ser individual na sua execução, assim como o de piloto de Fórmula 1, não envolva uma equipe. Na verdade, além da performance do esportista, seja na raia ou no autódromo, há a de muitos outros que trabalham juntos para garantir o resultado, como o preparador físico, o treinador, o nutricionista, os companheiros de provas... Um time completo.

Um engenheiro agrônomo que vende equipamentos e está em uma fazenda visitando o cliente também não está só. O mérito de conseguir um "sim" é individual, mas ele conta com uma estrutura por trás, com pessoas que vão apoiá-lo no seu trabalho, por exemplo, na logística da entrega do equipamento comercializado. Quem pensa que o vendedor exerce um trabalho individual, como o nadador profissional, precisa rever esse conceito.

Prepara... vai!

No vôlei, nos acostumamos a ver os times combinando jogadas, abraçando-se a cada ponto, reunindo-se no banco com os reservas e com a comissão técnica, um incentivando o outro em quadra – às vezes, dando até bronca. No futebol, também. Já na natação, só reconhecemos facilmente o trabalho em equipe na prova de revezamento, com quatro participantes se organizando para desempenhar o seu papel. Nós vemos a troca na piscina, a emoção da entrega e a performance de cada um para que todos brilhem.

Não espere que o resultado chegue sem esforço

Voltando a Sidney 2000, éramos quatro atletas que, reunindo as suas responsabilidades e individualidades, fizeram um trabalho espetacular. O catarinense Fernando Scherer (com o tornozelo torcido e uma ruptura parcial no tendão), o baiano Edvaldo Valério e o goiano Carlos Jayme (dois calouros nessa modalidade) e eu (mais experiente, como o Scherer) tínhamos uma expectativa gigante, assim como nossos treinadores e todos os outros envolvidos. Porém, havia concorrentes incríveis, entre as várias outras dificuldades que precisávamos superar. É assim com qualquer equipe de trabalho.

> **Um dos grandes recados às equipes é que elas precisam se superar no trabalho, fortalecendo a sua unidade para que possam transformar ou construir algo importante. Não tem como ignorar o fator da superação, que acontece quando há essa união de responsabilidades e individualidades em torno de um objetivo comum.**

Naquele grupo de nadadores em Sidney, a combinação da experiência com a juventude, tendo dois calouros sendo liderados pelos mais veteranos em Olimpíadas, funcionou muito bem. Competimos com muita confiança, baseada na construção que fizemos até ali. A medalha de bronze confirmou que ninguém faz nada sozinho. Quando entendemos que o coletivo é mais potente que o individual, alcançamos resultados mais interessantes.

Cerque-se de boas pessoas

Na prova de revezamento, nosso time estava unido e focado na excelência para sermos classificados para a final. Houve muita conversa, e também muita discussão, entre nós. Dos oito finalistas, dois times eram favoritos, Estados Unidos e Austrália, e só uma medalha para ser conquistada pelo restante. Os holandeses vinham um pouco atrás, porém, foram desclassificados nas eliminatórias, deixando o terceiro lugar em aberto. Nunca gostei de vibrar pelo insucesso de outra pessoa, mas admito que ter um adversário fortíssimo a menos nos deixou mais animados.

Havia ainda outros seis times muito equilibrados – Alemanha, Rússia e Suécia em especial –, portanto, era difícil prever o que aconteceria. Para motivar os outros dois, eu e o Scherer falamos sobre a realização de subir em um pódio olímpico, transformando quatro anos de treinos, sofrimento, privações, disciplina, dedicação e foco em um momento inesquecível, vibrando com a medalha no peito.

Fomos para a final. Austrália e Estados Unidos brigaram na frente e, para a surpresa de muitos, os australianos venceram em casa – foi épico. Os americanos ficaram em segundo. Nós ganhamos a terceira posição da Alemanha por 37 centésimos – graças ao espírito lutador que todo o povo brasileiro carrega. Foi o inverso do resultado quatro anos antes, quando terminamos em quarto.

Quais são os valores inseridos naquela conquista e que são os mesmos que podem fazer seu time brilhar? São aqueles que nós construímos, que alicerçam nossas atitudes e posturas e que dão base e estrutura para o trabalho em equipe. Quando contribuímos na empresa com eles, colaboramos para a construção do todo. Juntando os nossos com os de toda a equipe, o resultado é sempre melhor. São eles:

- **Companheirismo:** todos precisam ser companheiros uns dos outros, auxiliando, importando-se, apoiando quem está ao lado;
- **Cooperação:** ajude na prática, e não só quando pedem. Não apenas se disponha a ajudar, vá até as pessoas que precisam da sua ajuda e aja;
- **Contribuição:** embora a palavra esteja muito associada a dinheiro, a melhor contribuição é aquela espontânea, oferecendo

algo valoroso ao grupo, como um talento ou uma expertise, algo
que você executa com facilidade e bem;

- **União:** todos lutando por um mesmo ideal, objetivo, meta, sonho;
- **Respeito:** ofereça esse valor, tratando todos com atenção, consideração e importância;
- **Empatia:** esse elemento da inteligência emocional, sem dúvida, transforma uma equipe, porque cada um se coloca no lugar do outro e percebe como se sente, evitando julgamentos insensíveis.

Atue em três pontos na construção de time

Um elemento fundamental tanto para um bom time, quanto para um bom líder, pode ser definido por uma palavra-chave: confiança. Individualmente, como autoconfiança, é construída por meio da sua contribuição com o outro, da prática de atividade física, da constante capacitação para aquilo que vai fazer, do autocuidado.

Quando falamos de construção de confiança dentro do time, devemos trazer outras questões que valem para líderes e liderados. Uma delas é compartilhar as próprias vulnerabilidades: mostrando o seu lado humano, ciente das suas dificuldades, e sua vontade de superá-las; assim como sendo empático com as dificuldades das outras pessoas e aberto a colaborar na superação delas.

Nessa criação de laços contagiantes, a vulnerabilidade estimula a cooperação e a confiança. Ao conhecer melhor quem está ao seu lado na jornada, você pode contribuir e retribuir de maneira a crescer como time. Não por acaso, no livro *Equipes brilhantes*,[42] o jornalista e autor Daniel Coyle dedica um capítulo inteiro a essa habilidade que ele considera uma tradução da conexão de um grupo. O autor cita, no capítulo "O laço da vulnerabilidade", a explicação do Dr. Jeff Polzer, professor de comportamento organizacional em Harvard: "As pessoas tendem a pensar na vulnerabilidade de maneira sentimental, mas não é o que está

---

42 COYLE, D. **Equipes brilhantes:** como criar grupos fortes e motivados. Rio de Janeiro: Sextante, 2021, p. 109.

Cerque-se de boas pessoas

acontecendo. Trata-se de um sinal realmente claro de que você tem fraquezas e de que gostaria de receber ajuda".

Quando essa cultura da confiança mútua está instalada, os integrantes se ajudam, se motivam e aprendem uns com os outros. Assim, ninguém fica fraco. Pelo contrário, desbloqueia a capacidade de desempenho do grupo, fortalecendo cada integrante por meio do respeito e da coragem de se mostrar imperfeito, um eterno aprendiz, e não o "super-herói de araque".

Após a construção da confiança, o segundo ponto é diminuir os receios. Às vezes, temos preocupações que guardamos para nós e que só prejudicam o nosso rendimento e, consequentemente, o da equipe. Gostaria de ressaltar a importância de colocar as próprias opiniões, defender pontos de vista, entrar em discussões. Quando as pessoas expressam o que verdadeiramente pensam, mostram-se sem máscaras, o que facilita para que encontrem o consenso e promovam a união. O mesmo não se pode dizer se elas fingem concordar ou deixam suas opiniões debaixo do tapete, se o time tenta fugir do conflito, do confronto de ideias.

Eu não acredito na frase "nosso time é tão unido que quase não discute", porque sei que profissionais de alta performance que querem resultado defendem suas ideias com seus pares e líderes – sempre mantendo o respeito, óbvio. Mais ou menos aflorada, é a discussão que constrói e amplia as visões e busca a melhor solução.

> **Discussão boa é aquela em que a equipe participa com opiniões, sugestões e argumentos que elevam o nível da conversa, até que todos chegam a um consenso e depois vão almoçar tranquilos. Se você tiver isso no seu time, o caminho está trilhado.**

Essa questão é abordada em uma fábula pelo consultor e palestrante norte-americano Patrick Lencioni, em seu livro *Os 5 desafios das equipes*,[43] alertando para o tabu que ainda existe sobre debates passionais.

---

43 LENCIONI, P. **Os 5 desafios das equipes:** uma história sobre liderança. Rio de Janeiro: Sextante, 2015.

Prepara... vai!

O livro defende que equipes que se envolvem em conflitos pacíficos têm reuniões interessantes e vigorosas de ideias, minimizam "politicagens" por debaixo dos panos, resolvem problemas críticos com rapidez e evoluem em conjunto.

Confiança e conflitos saudáveis, segundo Lencioni, ajudam a formar uma boa base para o terceiro ponto essencial na construção de um time: comprometimento com o resultado e com a equipe. Trata-se de entrega, participação, envolvimento. Quanto mais as pessoas expressam suas opiniões e sentem que são ouvidas, mais se comprometem. E quanto mais comprometidas estão, maiores as chances de melhorarem o resultado para todos.

Esse ponto tem sido desafiador no cenário atual, com profissionais de diferentes gerações sentindo dificuldade para encontrar um propósito pessoal que os faça se comprometer com as entregas. Trabalhar com metas, indicadores, objetivos que as aproximem de um sonho próprio pode ajudar. As pessoas, em geral, têm seus sonhos bem guardados, deixados na gaveta por considerarem impossíveis de realizar. Cabe ao líder mostrar que devem arregaçar as mangas e acreditar que são capazes de tais feitos.

Pessoas comprometidas e participativas não concordam com tudo e nem se calam para parecer "boazinhas". Elas procuram ser justas, discutem com maestria sobre as questões do trabalho e mostram seu lado mais vulnerável, desenvolvem confiança em si e do time em relação a elas. Por desenvolverem tais habilidades, aumentam seu comprometimento focado no resultado do time e da empresa. Quando tudo isso acontece, a liderança está no caminho certo: de uma grandessíssima construção de time.

Digamos que você esteja em uma equipe que tem como meta vender 100 mil reais por mês, dividida entre cinco vendedores. Um deles vende três vezes mais do que o programado, enquanto os quatro colegas não conseguem nenhuma venda. Para a empresa, 60 mil reais é um resultado ruim, insuficiente para suportar a estrutura de custos. Portanto, o resultado individual do vendedor bem-sucedido foi ótimo (principalmente para o seu ego), entretanto, o resultado da equipe foi péssimo.

Não quer dizer que o resultado individual não seja importante. É preciso dar atenção a ele, sem abrir mão da visão do todo (o pensamento

Discussão boa é aquela em que a equipe participa com opiniões, sugestões e argumentos que elevam o nível da conversa.

Prepara... vai!

sistêmico) e contribuir, cooperar com seu time, mostrar-se companheiro de jornada e valorizar a união, o compromisso coletivo com o resultado, para que a empresa evolua com você. Há sempre uma meta de grupo, além da individual, que precisa ser construída pelo esforço conjunto.

Lembre-se dos valores virtuosos que precisam estar presentes para que o time leve o negócio para frente. Se você, às vezes, acha que a sua liderança não se importa com os liderados, ajude-a a ser melhor! Contribua positivamente para transformar essa percepção – começando por não dar espaço para desculpas ou vitimismo. Estão todos no mesmo barco, correto? Então vamos remar até o objetivo.

Quem lidera times precisa estar atento àqueles que estão olhando somente para o próprio umbigo e que acham que o problema é sempre do outro, para não reforçar esse comportamento, e sim treiná-lo em uma mentalidade diferente. Um verdadeiro líder tem consistência nos treinamentos necessários. Faz parte do seu trabalho desenvolver os colaboradores. Liderar e dar resultado *com* seu time é uma de suas funções.

De todas as muitas habilidades de gestão, é necessário capacitar-se como líder para transmitir ao time tudo o que aprendeu e vem construindo. Assuma essa responsabilidade e resolva melhor os desafios do dia a dia.

Fortaleça seus colaboradores mais e mais

Todo negócio precisa de dois grandes pilares para alcançar resultados positivos: estratégia e liderança. Não adianta ter um ótimo planejamento, e até mesmo grandes recursos para colocá-lo em ação, sem que o gestor desenvolva os líderes na empresa. O que isso significa? Compartilhar o que sabe, distribuir conhecimento, responsabilidades, conquistas e também derrotas. Não monopolizar as coisas. Não ser egoísta.

Um dos principais segredos da liderança é ter a postura e o comportamento de um verdadeiro gestor. Com certeza, ao assumir a posição de líder, uma nova perspectiva com relação ao trabalho, às reuniões, aos projetos tende a ter um crescimento significativo. Um

Cerque-se de boas pessoas

líder enxerga na equipe potenciais líderes, colaboradores com autonomia e pensamento crítico, pessoas capazes de tomar boas decisões de maneira independente.

Sabemos a relevância desse cargo para a equipe, por isso, é necessário ter autoconfiança de que você está dando o seu melhor. Além de batalhar para ver os números crescerem, deve desenvolver habilidades extraordinárias nas pessoas. Concordo com Simon Sinek, um grande palestrante sobre gestão, quando contextualiza em seu livro *Líderes se servem por último*, que a liderança é um compromisso, acima de tudo, com seres humanos.[44]

Por tudo isso, o desenvolvimento do time merece a sua atenção. Contar com colaboradores e lideranças bem treinados e capacitados é fundamental para a execução de tarefas que elevam a empresa – e o gestor. Com uma boa gestão de equipe, obtém-se comprometimento com a entrega, envolvimento com o negócio, produção e progresso coletivo. "Ainda não inventaram a máquina que cria, imagina e sonha!", disse Roberto Tranjan, quando gravamos um podcast,[45] deixando claro que um dos grandes aliados do gestor é a força das pessoas que estão com ele.

O gestor deve pensar em muitas coisas: infraestrutura, contratações, captação de clientes, caixa... Mas um dos pontos essenciais é, justamente, a capacitação da equipe, que fortalecerá o trabalho e contribuirá com todos esses outros aspectos do negócio. Sem uma equipe boa e preparada, como atender bem o seu público? Como manter o negócio atualizado e nos padrões do mercado? Como promover a melhor experiência possível aos seus clientes?

Portanto, capacitação da equipe tem de estar, sim, no seu radar. Além de tudo o que já foi falado, o seu time contribui para a retenção dos clientes, pois, quando bem-treinado, entrega um melhor serviço e atende com mais qualidade, proporcionando uma experiência superior.

---

44 SINEK, S. **Líderes se servem por último:** como construir equipes seguras e confiantes. Rio de Janeiro: Alta Books, 2019.

45 PODCAST Super+Ação | Episódio 3: Roberto Tranjan. Vídeo (1h14min26s). Publicado pelo canal Gustavo Borges. Disponível em: https://www.youtube.com/watch?v=XsClxMIMG6k. Acesso em: 19 jul. 2022.

Prepara... vai!

A satisfação dos membros da equipe também aumenta quando percebem a valorização do seu trabalho por parte do gestor, o interesse em capacitá-los e promover cada vez mais sua evolução, mostrando não estar preocupado apenas com o estabelecimento. Eles respondem a essa atitude sentindo-se mais preparados para executar as tarefas, buscando pela excelência na "ponta final" do processo – que, no caso de uma academia ou escola de natação, um clube ou clínica de bem-estar, são os alunos, os sócios, os pais, os pacientes etc.

O crescimento profissional das pessoas garante a qualidade do atendimento, mas não só. Na medida em que ficam mais confiantes e orgulhosos de si, os relacionamentos também melhoram em todos os níveis, promovendo um ótimo ambiente no estabelecimento. Além disso, garante um negócio muito mais alinhado com as novidades e com as boas práticas do mercado, já que os cursos de capacitação trabalham tanto o desenvolvimento pessoal e profissional quanto atualizações sobre o mercado nacional e até internacional.

Claro que a escolha de treinar fica na mão do gestor, assim como a de investir em novas tecnologias para melhorar a eficiência no atendimento ao cliente. Mas quanto mais informação ele tem, e de fontes diferentes, mais fácil tomará essa decisão. Se um aluno comenta ter lido sobre uma novidade boa no mercado, não é recomendável que seu professor, mestre, tutor também a conheça para poder conversar a respeito dela? Até para que defenda sua aplicação ou não naquele momento. Pense nisso.

Elabore um fluxo de treinamento

Entre os meios para investir em capacitação da equipe, o mais tradicional deles é o treinamento. Quando um novo colaborador é contratado, por exemplo, precisa ser treinado de acordo com as especificidades da função que vai executar.

Cargos que desempenham atividades muito singulares, como trabalhar com uma tecnologia recente, precisam estar capacitados para isso. Caso contrário, talvez nem adiante ter uma solução tão inovadora no seu negócio, já que quem vai operá-la carece de condições para tal. Já ouviu o ditado "é preciso saber dirigir uma Ferrari antes de ter uma"?

Cerque-se de boas pessoas

Por isso é importante elaborar um fluxo de treinamento. Permitir que alguns colaboradores transitem entre as diferentes áreas da empresa por um período é também uma boa maneira de se fazer isso, para que desenvolvam o pensamento sistêmico e integrem-se de maneira mais completa ao negócio, além de ter a oportunidade de descobrir onde sua potência está.

Por mais que não pretendam trabalhar com vendas, é interessante que entendam como é esse processo no seu negócio. O mesmo se aplica ao financeiro, ao administrativo, ao atendimento ao cliente, ao marketing... Conhecimento nunca é demais!

Outra opção é trabalhar com processos de coaching e mentorias, visando desenvolvimento pessoal e profissional de colaboradores em pontos específicos e que podem ser rapidamente aplicados e implementados no dia a dia da empresa.

Mais uma maneira de incentivar o desenvolvimento da equipe, que em nossa metodologia chamamos de "espalhar a palavra" inspirada na expressão em inglês *spread the word*, é o clássico e bem-vindo hábito de compartilhar conhecimento, uma ferramenta importante e acessível quando a empresa não tem meios de financiar o treinamento para todos.

Se, por exemplo, existe a possibilidade de apenas um ou dois dos seus colaboradores viajarem para um treinamento exclusivo, diferenciado e caro, que tal pedir que, ao retornarem, apresentem esse conteúdo aos demais companheiros de time? Não é um crime não poder bancar um treinamento ou uma viagem cara para muita gente de uma só vez. O que pode ser feito é um rodízio entre os que terão acesso a esse tipo de investimento. Cobrando, sempre, a interatividade para partilhar os novos aprendizados, o que também gera maior sinergia entre os membros.

A capacitação da equipe é um dos grandes objetivos da nossa metodologia. Desenvolvemos até uma certificação para os profissionais que passam pelos nossos treinamentos e ficam mais preparados para aplicar o processo de trabalho. Tão importante quanto ter a MGB nos estabelecimentos é treinar as equipes para carregarem e transmitirem a postura que deseja que elas tenham.

Prepara... vai!

Para isso, os professores e coordenadores devem revisitar nossos vídeos e informações a fim de se atualizarem. É essencial que o gestor esteja também antenado a essas atualizações para manter a equipe sempre em dia com o que a nossa metodologia está desenvolvendo e aplicando. Assim como o colaborador de um local credenciado deve lembrar seu superior da necessidade de fazer a capacitação.

Existem muitos tipos e metodologias de treinamento, assim como empresas terceirizadas que fazem isso. Basta pesquisar e analisar qual se encaixa melhor na sua realidade. Gerir essa parte consome tempo, energia e recursos, sendo que os efeitos nem sempre são medidos facilmente ou de imediato. Mas como exigir um resultado excelente sem ter esse trabalho de base?

Os bombeiros, por exemplo, são considerados os profissionais mais confiáveis no Brasil e no mundo em vários rankings.[46] Será por acaso? Eles focam 99% do seu tempo e energia com planejamento, treinamento e capacitação técnica e comportamental, versus aquele 1% de tempo em que entram em ação e salvam vidas.

Seja muito bom de conversa e influência

Normalmente, quando ouvimos que tal pessoa é boa de fala, de lábia, de conversa, logo deduzimos que conta vantagens ou uma história enrolada, do tipo papo-furado, conversa-fiada. Tanto é que existem expressões como "caiu na conversa", para quem acreditou, e "levou na conversa", para quem protagonizou. Mas eu defendo esse conceito porque gosto muito dele. Convido os gestores e líderes a serem "bons de conversa" no sentido mais literal e positivo da expressão.

Digo sempre que o coração da mudança, seja nas empresas ou nas relações, é a maneira como você conduz as conversas. Em outras palavras, o modo de falar compõe a base do seu sucesso. Quando construtivo,

---

46 VEJA lista das profissões mais confiáveis; políticos ficam com lanterna. **Uol Economia**, 13 maio 2014. Disponível em: https://economia.uol.com.br/noticias/infomoney/2014/05/13/veja-lista-das-profissoes-mais-confiaveis-politicos-ficam-com-lanterna.htm. Acesso em: 19 jul. 2022.

Um **verdadeiro líder** tem consistência nos treinamentos necessários. Faz parte do seu trabalho desenvolver os colaboradores. Liderar e dar **resultado** com seu time é uma de suas funções.

Prepara... vai!

propicia um retorno sobre o trabalho realizado, impulsionando o desenvolvimento dos colaboradores.

Existem várias maneiras de conversar adequadamente com os colaboradores. Aprendi com o Roberto Tranjan, quando participei da sua mentoria Metanoia, uma técnica simples para utilizar no processo de feedback: um acrônimo da palavra V.A.L.O.R. – verdadeiro, assertivo, literal, oportuno, relevante.

Tem que haver sinceridade na conversa, transmitir verdade e sem enrolação. Cuide para ser bem compreendido, utilizando o sentido real das palavras que proferir, escapando de mensagens dúbias e de julgamento de valor – critique fatos, não comportamentos. E o faça em momento oportuno, sem ânimos exaltados. Sua devolutiva deve estar dentro de um contexto e ser relevante, fazer diferença.

A assertividade de um dos técnicos de basquete mais vitoriosos da história da NBA, Gregg Popovich, do Santo Antônio Spurs, é destacada no livro *Equipes brilhantes*.[47] O autor Daniel Coyle ressalta que o lendário treinador é um líder que diz a verdade sem enrolação e ama o seu time até o fim. Com ele, a comunicação é sempre direta, sem levar para o lado pessoal, mas focada em solucionar o problema.

Muitas vezes, a maior dificuldade é decidir o melhor momento para a conversa. Pense que é quando a sua fala se torna indispensável para provocar alguma mudança. Mostre-se disposto a ensinar e a aprender também com essa troca. Claro, um bom gestor pode (e deve) apontar as falhas, mas não apenas isso. Deve propor melhorias. Prepare-se antes, leve-as anotadas se for preciso. A sua atitude na hora H e a escolha do momento e do ambiente para a conversa certamente influenciarão como seu interlocutor receberá e responderá a esse chamado.

A influência ocorre por meio das conversas. No livro *Este barco também é seu*, o capitão Michael Abrashoff diz que "os líderes precisam entender que influenciam as pessoas profundamente, que seu otimismo e pessimismo são igualmente contagiosos, que eles estabelecem

---

47 COYLE, D. *op. cit.*

Cerque-se de boas pessoas

diretamente o tom e o espírito de todos ao redor."[48] Concordo com ele. Quem lidera influencia, e deve utilizar essa habilidade para dizer coisas que façam com que seus liderados se sintam valorizados e cresçam.

Você acredita ter essa habilidade de influenciar ou persuadir o seu time? Se sim, o que o faz bom nisso? Se não, o que o leva a crer nessa resposta? Em ambos os casos, como pode melhorar? A boa influência ocorre muito menos pelo que se fala e muito mais pelo que se faz. Estou falando de exemplo. Quem lidera influencia pelo exemplo. E, obviamente, essa influência deve ser positiva, promovendo bem-estar e deixando os liderados mais otimistas, engajados e receptivos a novos aprendizados e ideias. Dessa maneira, cria-se um ambiente de confiança, que reforça ainda mais o poder de ação do líder.

E se esse líder ainda contar com alta habilidade social, conseguirá ser exímio em gerir equipes por estar, nas palavras de Daniel Goleman, colocando "a empatia em ação".[49] Segundo esse estudioso das emoções, para uma boa influência e persuasão, é preciso atentar-se a outras três habilidades da inteligência emocional combinadas: autoconsciência, autocontrole e empatia. Tudo isso garante que você seja um bom exemplo.

Portanto, seja específico nas conversas, assertivo nas comunicações e objetivo com os problemas. Se passar a ser procurado espontaneamente pelos colaboradores para feedback, não tenha dúvidas: isso significa que se tornou um gestor muito bom de conversa e de influência.

Atraia, alinhe, oriente, cuide das pessoas

Como eu já adiantei, não adianta ter o melhor robô e os melhores equipamentos sem pessoas treinadas, alinhadas com os objetivos e motivadas. Na opinião do parceiro e amigo Marcelo Egéa, em uma *masterclass* sobre liderança e gestão de pessoas que gravamos juntos para nosso programa

---

48 ABRASHOFF, M. **Este barco também e seu:** práticas inovadoras de gestão que levaram o USS Benfold a ser o melhor navio de guerra da marinha americana. São Paulo: Cultrix, 2006, p. 42.

49 GOLEMAN, D. **Liderança**. *op. cit.*, p. 23.

Prepara... vai!

MGBusiness, "não existe qualidade sem gente. As pessoas são a base de um negócio de sucesso; o resto, a gente compra".

Para criar um ambiente de valor, Marcelo valoriza quatro aspectos da gestão de pessoas. Em seus cursos para líderes, ele os apresenta como se fossem pedaços de uma pizza:

- **Atração.** Fazer uma seleção e contratação bem-feitas, para ter o melhor resultado depois;
- **Alinhamento.** Realizar integração e treinamento inicial, depois outros de capacitação, de atualização, orientação sobre os objetivos, para que o novo integrante do time saiba o que a empresa espera dele e possa desenvolver todos os seus talentos;
- **Gestão de desempenho.** Observar, conversar, escutar, orientar, para extrair o melhor de cada um e, ao mesmo tempo, promover o sentimento de que todos podem dar o seu melhor na empresa e crescer;
- **Fim de ciclo.** Cuidar quando as coisas não vão bem, sem olhar alguém que seja desligado como inimigo. As pessoas podem não querer mais estar ali porque a vida delas mudou. O líder deve ajudar nessa mudança de rota e mostrar aos que ficam que todos são tratados com respeito, justiça e honestidade. E quem for dispensado precisa saber o motivo.

Cerque-se de boas pessoas

Na nossa *masterclass*, Marcelo deu mais duas dicas fundamentais: o recrutamento deve ser constante, mesmo que sua empresa seja pequena, sem estrutura de recursos humanos, sem plano de carreira etc. É importante criar o hábito de conversar com profissionais do seu mercado não só quando precisa contratar, pois devemos montar um banco de bons candidatos, mantendo atualizada uma "pasta de primeiros socorros". Além disso, é essencial compreender que comentar não é treinar, e entender não significa fazer. Pode ser de maneira simples, mas coloque no papel tudo o que gostaria de falar a um novo integrante do seu time, incluindo o que espera que ele faça e o que vai treinar com ele antes de deixá-lo executar sem supervisão.

Delegue mais e não tente ser onipresente

Se você é o dono da empresa, tem responsabilidades grandes, e eu entendo isso. Sua presença é fundamental para a cultura da empresa. Se você é o gerente ou coordenador, sente-se responsável pelos colaboradores e seus familiares. Quando contrata ou demite, está influenciando o futuro de seres humanos.

Mas uma coisa é você estar ciente de tudo o que acontece, participar, construir; e outra bem diferente é ser o fio condutor de tudo. Empreendedores, gestores e líderes tomam decisões duras todos os dias, entretanto, quem opta por fazer todas as escolhas sozinho e não delegar nenhuma, não treina o próprio time.

Por exemplo, eu participei de uma dinâmica de engajamento da equipe MGB em um parque, coordenada por um dos nossos colaboradores. Ele tomou a iniciativa de liderar essa ação, e eu achei ótimo ser coadjuvante naquela situação. A falta de lideranças e de autonomia da equipe pode levar o negócio às ruínas. Pensando na semântica das palavras, colaborador é alguém que está ali para colaborar; e para alcançar o sucesso, o trabalho tem de ser colaborativo.

Justamente por isso não cabe a velha mentalidade de funcionário: *estou aqui parar fazer o meu trabalho, e quem está me contratando precisa fazer tudo por mim.* Assim como é papel do gestor oferecer sempre

141

mais oportunidades, é papel do colaborador ser proativo, investir em si e contribuir com o crescimento do time e da empresa, diretamente ligados ao próprio desenvolvimento.

No meu setor, incentivo os professores e coordenadores a buscarem mais e mais conhecimento. A profissão do educador físico é pouco valorizada. Se eles não tiverem uma visão empreendedora, se não desenvolverem elementos de liderança e gestão, e apenas cumprirem a sua função, dificilmente crescerão. Investir em desenvolvimento pessoal e profissional deve ser uma tarefa constante, e não pode ficar a cargo apenas da empresa.

As organizações podem ser ativas nesse processo? Sim! Muito! Mas cada profissional também é responsável por elevar sua relação produção-progresso. Aquele que investe em qualificação acompanha o ritmo intenso das transformações de seu mercado e lida melhor com a complexidade empresarial. Não é à toa que a expressão *lifelong learning*, aprendizado contínuo e por toda a vida, ganhou força no mundo contemporâneo.

Eu posso dizer, com orgulho, que tenho um time que empreende. Não são tarefeiros. Entre as características desse time campeão, que contribui para os resultados excelentes da MGB, ressalto quatro: postura aberta a novos conhecimentos (praticando o *lifelong learning*); cooperação entre todos os responsáveis e líderes do projeto; comprometimento com as próprias entregas, com seus colegas de trabalho e com o todo; e paciência, pois erros e acertos fazem parte do processo.

Pertença a uma rede de apoio externa e aprenda ainda mais

Muitas vezes, empreendedores, gestores e líderes sentem-se solitários. Nem sempre suas decisões são compreendidas, e não raro têm de sorrir quando estão tensos por dentro, querem motivar o time quando não estão muito seguros sobre o caminho... Por isso, é imprescindível cercar-se do apoio de profissionais que vivem cenários e desafios semelhantes, tanto do ponto de vista profissional como do pessoal.

Quando trabalhamos em rede – como é o nosso caso, com mais de quatrocentos negócios credenciados –, o sentimento de pertencimento

Cerque-se de boas pessoas

é grande. Cada gestor se sente amparado, pode pedir e oferecer ajuda, recebe incentivos. A visão compartilhada dentro de um grupo de afinidades é valorosa e contribui para que os negócios dos participantes prosperem. São incontáveis os aprendizados decorrentes do intercâmbio de ideias e experiências com outros empreendedores e gestores.

Imagine ter de aprender tudo sozinho, sem a ajuda de ninguém para chegar nas boas informações e para implementar as novidades errando menos? A influência de boas pessoas ao seu redor permite que conheça novas habilidades e identifique talentos inativos em si mesmo. Que tal ser ajudado, cuidar mais, saber mais e fazer mais? Participar de uma rede traz benefícios enormes para o desenvolvimento dos donos e seus colaboradores, mas não só. Ganham também os seus clientes, que se beneficiam de um produto/serviço mais bem desenvolvido de acordo com as suas necessidades.

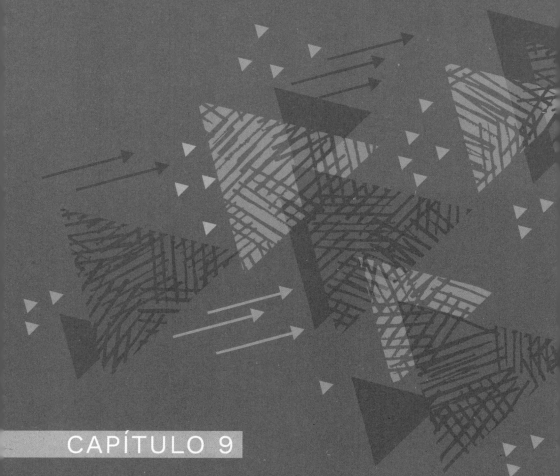

CAPÍTULO 9

O seu cliente-alvo tem sempre razão

Os desafios para aumentar o volume de vendas são grandes, e sabemos da importância de sermos cirúrgicos nas estratégias para manter os clientes que já estão conosco e atrair novos. Não há um grande segredo a ser revelado ou um planejamento de marketing revolucionário capaz de resolver tudo. É a somatória de pequenas ações contínuas que faz a diferença. Isso é gestão de processos, é fazer o básico – que não pode ser esquecido.

Às vezes, um pouco mais de atenção a um visitante, uma conversa a partir de uma insatisfação ou uma resposta personalizada a uma dúvida enviada pelo WhatsApp gera resultados positivos. Adotar essa visão de que realmente o cliente precisa estar no foco do seu negócio promove ações, entregas e construções para atendê-lo com sucesso.

Por que escrevi no título "o seu cliente"? Porque não é para atirar para todos os lados, você precisa ter um foco. Quando identifica quais são os perfis ideais para o seu negócio, pode traçar estratégias eficientes de atração e fidelização. Com essas características bem alinhadas e esclarecidas para a equipe, é mais fácil direcionar as ações, investir em treinamentos, equipamentos, marketing... a fim de otimizar recursos e gerar melhores resultados.

Um dos itens mais importantes nesse quesito é entender qual transformação o seu produto/serviço causa para determinado tipo de pessoa ou empresa. Com isso, você tem uma solução com potenciais clientes dispostos a pagar por ela. Foque esses. É a nova venda que colocará o negócio em rota de crescimento e fortalecerá o senso de progresso que um empreendedor tanto aprecia.

Nos últimos tempos, houve um incremento da discussão sobre a necessidade de colocar o cliente no centro de tudo (em inglês, *customer centric*). Afinal, se um empreendimento nasce da necessidade de resolver

Prepara... vai!

os problemas (ou as "dores") de determinadas pessoas ou empresas (a demanda), focar em elevar a sua satisfação é uma estratégia de sucesso para atrai-las.

E com a demanda garantida, pois há pessoas que necessitam da solução oferecida, você pode focar o desenvolvimento da oferta (como oferecer seu produto ou serviço para atender seu cliente da melhor maneira?), e quanto mais se dedica a esse item fundamental, mais resultado terá.

O seu cliente tem algo precioso: o poder de decisão. Ele pode escolher (ou não) o seu empreendimento para depositar confiança. Pode ser confiando seu dinheiro a uma instituição financeira específica, seu sonho profissional a um curso superior, sua saúde a uma prestadora de serviços da área, sua reputação à editora que lançará o livro; e por aí vai. No setor da natação, pode estar lhe confiando o próprio filho. E o gestor, para conquistar essa confiança, precisa apresentar um produto ou serviço que o atenda, satisfaça e até supere as expectativas.

Para o gestor poder dedicar tempo de qualidade e energia a quem de verdade o remunera e que confia que será devidamente beneficiado, precisa diminuir a quantidade de decisões e tarefas a serem realizadas. Como? Garantindo que todas as partes do seu negócio estejam caminhando bem – na analogia do equilibrista, seria ter os "pratinhos girando" pela sua equipe preparada para isso.

Se você precisa desenvolver todas as ferramentas de trabalho do zero e participar de todas as etapas de todos os processos, perde uma grande oportunidade de fazer essa gestão comercial voltada ao cliente, o seu foco. No nosso setor, é crucial ter um processo estruturado que desenvolva globalmente um aluno (a partir de 3 meses de idade) nos aspectos da saúde, dos aprendizados, da segurança aquática, da sociabilização, dos bons hábitos... Um processo que não depende tanto do gestor no dia a dia, já que ele precisa estar livre para focar o cliente.

Focar os perfis ideais de cliente parece óbvio, mas não é. Envolve práticas que vão muito além de um atendimento amigável e gentil. Vou comentar as que considero importantes, com base na experiência do nosso grupo, de consultores parceiros e demais convidados que participaram de nossas *lives*, *masterclasses*, podcasts e mentorias.

O seu cliente-alvo tem sempre razão

Tenha três informações para acolher melhor cada cliente

Muitas das vezes, como diz meu sócio Renato Ramalho, o difícil é fazer o simples. E essas três informações fazem muita diferença na qualidade do atendimento e na fidelização, pois garantem que cada indivíduo se sinta acolhido dentro do seu ambiente. São elas:

- **O nome.** Mostra importância, que não é mais um, não é um número. Você não gosta de ser chamado pelo nome nos lugares que frequenta? O cliente sente que está recebendo atenção e que você (assim como sua equipe) sabe quem ele é quando o chama pelo nome.
- **O que é resultado para *ele* naquele momento.** Se você é um designer de interiores, entenda se para o seu cliente o principal é a beleza ou o conforto na casa. Um preço acessível ou uma durabilidade maior? Se você tem uma academia de fitness, seu cliente busca fortalecer ou emagrecer? Melhorar a condição cardiovascular? Para ter uma conversa mais profunda com o consumidor, para que possa atender a sua necessidade, você precisa entender o que de fato ele está buscando no seu negócio.
- **O que *ele* vê como benefício dentro dos diferenciais do negócio.** Procure descobrir o seu diferencial a partir do olhar dele, e não do seu. No setor de restaurantes, por exemplo, é a localização? O seu tempero de carnes? A luminosidade do salão? A simpatia do *maître* que o trata de uma maneira especial? Às vezes, pode ser algo simples, como o cafezinho delicioso.

Esses três pontos vão colaborar para a sua interação com o cliente de uma maneira mais fluida e eficiente. Afinal, vai poder chamá-lo pelo nome, conhecendo o que ele espera alcançar ali e o que mais valoriza dentro daquilo que seu negócio oferece. E, assim, você tem uma chance de ouro para acolher a necessidade dele da melhor maneira.

Será que eu acendi uma luz dentro da sua cabeça com essa explicação? Fazer um estudo de quais são os valores percebidos

Prepara... vai!

pelos seus clientes dentro dos diferenciais dos quais você se orgulha em oferecer certamente vai aumentar possibilidades de vendas até então ocultas.

Traga à tona os benefícios escondidos

No fundo, estamos falando de compreender qual é a leitura que os seus perfis ideais de cliente fazem da sua entrega. Por exemplo, um pai que coloca o filho de 7 anos na escola de natação, ansioso pelas braçadas de campeão, talvez pense que seu garotinho só está brincando na água, quando na verdade vem desenvolvendo diversas habilidades por meio de atividades lúdicas, como pegar argolas no fundo da piscina.

Essa entrega está implícita, mas sem perceber o real valor na "brincadeira", talvez ele não concorde com a metodologia. Assim, vale a pena torná-la explícita de algum modo. Em vez de justificar que há um processo pedagógico por trás da atividade, que tal estruturar algo antes, promovendo todo dia 5 uma breve explanação das habilidades que serão trabalhadas com as crianças (e como) naquele mês?

É nossa responsabilidade trazer à tona o que fazemos de melhor. A dica de 1 milhão de dólares é: analise os benefícios e os diferenciais que estão bem visíveis e quais ainda parecem escondidos, apagados, para ressaltá-los na jornada do cliente, garantindo entregas explícitas, mensuráveis, percebidas, e colocando valor naquilo que faz.

E mais: antecipar-se é sempre melhor do que reagir à insatisfação do cliente. Quando você precisa responder a um questionamento, esclarecendo algum benefício que ele desconhece, está sendo reativo. O grande lance é chegar na frente e facilitar ao máximo a experiência de cada um que está no seu foco.

> **Se o cliente questionou, você já está atrasado. Muito melhor é mapear o que todos possam estar pensando a respeito da sua entrega e criar estratégias para evitar pensamentos equivocados sobre o seu negócio por falta de comunicação.**

O seu cliente tem algo precioso: o poder de decisão.

Prepara... vai!

O seu cliente sempre tem razão

Quando dizemos que o cliente sempre tem razão, falamos daquele que é o seu foco, compatível com o perfil da empresa. Às vezes, recebemos pessoas que são incompatíveis, tanto que exigem algo que não diz respeito à nossa entrega. Por exemplo, se você tem uma academia voltada para famílias, em especial crianças e adolescentes, e um adulto focado em fisiculturismo reclama dos equipamentos e pesos, você vai tratá-lo bem e tentar ser útil na medida do possível, mas não vai colocá-lo no centro do negócio.

Em compensação, aquilo que um cliente que está no seu foco não enxerga, não entende, sinaliza, precisa ser levado em conta. Pode ter ocorrido algum ruído na comunicação ou em alguma outra etapa da jornada dele e que precisa de ajuste. Em todos os negócios, existe uma jornada do cliente, mesmo que você não tenha colocado no papel ou desenvolvido em um plano estruturado, com passo a passo. A primeira etapa para desenvolver essa jornada é entender os problemas que o negócio vai resolver para o seu público-alvo.

E se o seu cliente sempre tem razão, precisa estar no centro de todas as decisões tomadas, com um gestor atento ao impacto que tais decisões terão em sua jornada. Um exemplo:

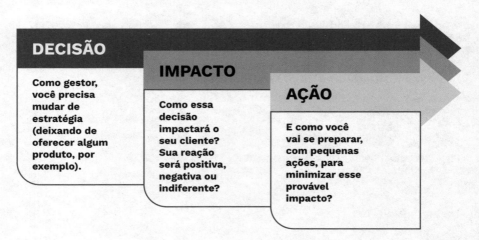

O seu cliente-alvo tem sempre razão

Não se engane: toda tomada de decisão de uma empresa influencia a leitura que o cliente faz, trazendo reflexos positivos ou negativos. Às vezes, a empresa imagina um impacto mínimo, mas que aos olhos do consumidor é grande. E se o gestor se atenta apenas às questões maiores, com visão macro, sem levar em conta os detalhes, tende a fechar os olhos para as pequenas ações, achando que não vão mudar a realidade. Com isso, perde oportunidades de se relacionar melhor com o cliente.

Ter dimensão do impacto ajuda a alinhar o modelo mental dos liderados com a cultura do cliente no centro de tudo que o líder quer disseminar, influenciando ao estruturar as ações, as atitudes e os hábitos, visando um resultado favorável.

Não só o gestor, mas também os colaboradores que estão na ponta, próximos ao cliente, precisam ouvir o que ele tem a dizer – principalmente as críticas. Se o time conseguir elencar dez queixas, sugestões ou necessidades, priorizar cinco e criar ações para duas ou três, terá um resultado positivo – além de mostrar a quem apontou problemas que foi levado a sério, fortalecendo a relação de confiança.

Em vez de cultivar problemas, entre em ação atacando um a um. O que não pode é ignorar esse feedback construtivo. Preste atenção nas pessoas e em cada informação que trazem para melhorar o seu negócio. Nós, da metodologia, costumamos dizer que devemos encarar cada feedback como um presente, com a mentalidade de crescimento, fazendo ajustes para melhorar a experiência do cliente.

Às vezes, as críticas podem parecer reclamações, mas precisamos entendê-las muito mais como pedidos de ajuda, necessidades que não foram atendidas adequadamente. Assim, preservamos ou elevamos os benefícios e os resultados que as pessoas mais valorizam na entrega. É sinal de maturidade profissional absorver a crítica sem julgamentos, analisando e aproveitando esse material espontâneo para fazer melhor hoje do que ontem.

Prepara... vai!

Todo mundo é do time de vendas

É claro que nós adoramos receber elogios! Quando eles aparecem, é porque o gestor foi bem-sucedido em todo o processo de capacitação do time – não apenas tecnicamente, mas também na esfera do atendimento, na dinâmica, na agilidade, no modo de acolher o consumidor. Eu mesmo, quando começamos a MGB, ficava arrasado quando perdíamos algum cliente. Pensava: *não é possível que ele não quis mais ficar conosco, parou de utilizar as ferramentas de trabalho que nós preparamos com tanto capricho...*

Esse sentimento de inconformismo é por saber da importância de cada cliente, e porque eu vendo com o grupo. Não podemos restringir essa responsabilidade a um departamento de vendedores, alegando que somente eles são capazes de trazer lucratividade e garantir a existência da empresa. De alguma maneira, todo mundo vende, dentro da sua função, ao colaborar para que a pessoa queira comprar o produto/serviço oferecido.

É crucial que você oriente a sua equipe para entender que todos têm o papel de vender, mesmo que não propriamente dentro de um plano comercial. Atender bem cada cliente, procurar encantá-lo e captar aquelas três informações básicas (nome + resultado + benefício) ajudam na construção da confiança e muito mais. Tudo para entregar valor percebido no dia a dia.

Os envolvidos do negócio devem, cada um com seu trabalho bem-feito, oferecer uma experiência que marque o cliente de alguma maneira e que entregue momentos especiais. Em resposta, o consumidor será o melhor promotor para sua marca, ajudando a trazer mais interessados em usufruir dos mesmos benefícios e diferenciais do seu negócio.

Isso pressupõe que a equipe se faça presente para o público-alvo por meio da chamada escuta ativa, interagindo e conhecendo-o a fundo. E, assim, o time melhorará cada vez mais a entrega e, principalmente, a experiência que proporciona. É importante haver esse tipo de atenção com o cliente de maneira contínua para gerar demanda, princípio fundamental de vendas. O que todo gestor quer: procura constante pelo seu negócio, condição indispensável para aumentar o faturamento.

É nossa responsa-bilidade trazer à tona o que fazemos de melhor.

Prepara... vai!

Antes de olhar para fora, garanta a fidelização

Na MGB, sempre que o assunto é vendas, partimos da fidelização, a maneira mais fácil e eficiente de garantir a lucratividade ou o resultado da empresa. Mas, estabelecido um relacionamento prévio com essas pessoas, é possível tentar outras estratégias de vendas bem conhecidas, eficientes e com boas chances de alcançar respostas satisfatórias, como:

- *Cross-selling.* É quando o cliente compra um serviço complementar, adicional ao principal. É a chamada venda cruzada, como vender acompanhamentos do sanduíche, como batata-frita e refrigerante. Ou seja, são compras diferentes, mas relacionadas à principal.
- *Upselling*. O produto é o mesmo, porém com algo mais, uma versão *premium*, mais avançada ou sofisticada, como a possibilidade de aumentar as camadas de carne ou de queijo do sanduíche escolhido. Ou seja, é a mesma compra, mas dá ao cliente a possibilidade de aumentar o benefício.
- **Indicações.** O bom e velho boca a boca, que acontece quando um cliente teve uma experiência muito boa com seu negócio. Cada pessoa satisfeita com a sua entrega comenta com amigos, colegas de trabalho, parentes, vizinhos. Portanto, é um gerador de *leads* (possíveis compradores) com alto potencial de fidelização, por chegarem até você já impressionados.

Implementar essas três estratégias possibilita aumentar o seu faturamento. Por exemplo, há salões de beleza e barbearias modernas que desenvolveram uma linha de cosméticos própria. Assim como academias de fitness que oferecem aos alunos também consultoria nutricional.

Você precisa agarrar-se ao que funciona e também estar aberto a mudanças. Para ganhar mais confiança, deve entender profundamente o seu mercado e as novas demandas dos potenciais clientes. Antes de pensar no produto e em como vendê-lo, foque as necessidades, vontades, expectativas, "dores" de quem vai pagar por ele *no momento* em questão.

O seu cliente-alvo tem sempre razão

Ter ainda uma boa estratégia de comunicação – tanto interna, que alinhe o time, quanto externa, para engajar o cliente – fornece visibilidade à qualidade da sua entrega. Comunicar é dialogar, criar narrativa, encantar, informar, melhorar a imagem da empresa, educar e também vender. Mas queremos que essa comunicação seja uma via de mão dupla, um espaço para que o cliente fale de suas necessidades e gere compromisso futuro conosco, estabelecendo uma relação de parceria.

Há um outro ponto que, se olhado com atenção, pode manter o cliente e ainda incentivá-lo a fazer indicações: a ambiência. Tem a ver com o ambiente, a atmosfera que envolve as pessoas, o espaço físico que faz o cliente se sentir confortável, seguro e acolhido; que favorece o encontro com os colaboradores; que é ferramenta facilitadora dos processos de trabalho. A ambiência deve ser impecável e alinhada ao público-alvo e ao serviço prestado. Por exemplo, atenta à acessibilidade, à temperatura, à iluminação. Às vezes, nós, gestores, preparamos o ambiente pensando em como gostaríamos de receber as pessoas, mas devemos levar em conta o olhar e os gostos do cliente que pretendemos acolher.

Tenha presença digital interagindo ao máximo

Usar ferramentas de marketing para relacionamento é quase obrigatório – não apenas para conquistar e fidelizar clientes, como para formar defensores e admiradores da sua marca. Como o nome diz, o objetivo é criar e manter um relacionamento próximo com as pessoas e as empresas que possam se interessar pelo seu produto ou serviço – o que, no presente, acontece predominantemente por meio de estratégias de engajamento virtuais em aplicativos, sites e redes sociais.

Por onde começar? Nossa recomendação é conhecer os perfis (ou personas) que compõem o seu público, para saber com quem você vai se relacionar. Nas academias, por exemplo, há as mães e os pais dos bebês, os adolescentes, os alunos de hidroginástica. Na rede de lojas de conveniência, os motoristas de aplicativo, os jovens recém-saídos das baladas etc.

Prepara... vai!

O gestor e a equipe devem ter esses dados sempre atualizados, assim como precisam explorar recursos de inteligência artificial para uma comunicação mais customizada para cada perfil. Além disso, devem entender quais plataformas esses clientes utilizam. Facebook? TikTok? Instagram? YouTube? Não adianta estar em redes que o seu público principal não usa.

Para cada plataforma digital que selecionar, defina seu objetivo: o que você quer alcançar ali? Utilizar essas mídias para mostrar como trabalha, esclarecer dúvidas, colocar holofote nas novidades são estratégias que fazem com que você seja mais acessado. E quando os clientes chegam ao seu "balcão", reconhecem tudo o que já presenciaram virtualmente e a decisão de compra fica mais fácil.

Criar um planejamento importa! Existem inúmeros livros e conteúdos de especialistas nessa área. Estude, capacite-se e aprenda. Buscar ajuda não é um problema. A verdade é que a sociedade como um todo mudou o modo de receber e buscar informação e também o de consumir. As empresas que se organizaram para explorar esse mecanismo têm conseguido maior aderência de clientes. A transformação digital começava a se mostrar presente no passado, de maneira tímida, mas a partir de 2020, com a pandemia de covid-19, foi acelerada em dez, vinte anos. Resolvemos muitas coisas com alguns cliques, e isso não tem volta. O modo de consumir produtos mudou totalmente.

Flávio Lima, parceiro e consultor de gestão de escolas de natação, me lembrou certa vez de quando recebíamos visitas espontâneas. Muitos setores, principalmente do varejo e de serviços, esperavam o cliente procurá-los. Era comum espalhar folhetos físicos no seu entorno e ter colaboradores para atender ao telefone. Com o consumidor muito mais habituado às buscas virtuais, ele contata quase sempre depois de ter visitado as mídias sociais do negócio. A grande sacada para vender melhor, agora, é ter presença digital, compartilhando conteúdo e informações relevantes com uma audiência que poderá vir a ser cliente, ou pelo menos fã.

Daí, eu pergunto: você capacita e alinha seu time para essa comunicação digital? O WhatsApp permite forte interação, mas é preciso aprender técnicas para convertê-la em vendas. Para quem tem salão de

O seu cliente-alvo tem sempre razão

beleza ou academia, por exemplo, pode evoluir na troca de mensagens convidando o interlocutor a uma experiência ao vivo e em cores. Quanto melhor for essa experiência, mais facilmente o cliente escolherá voltar.

Nosso grupo discute muito sobre o fluxo de visitantes nas nossas páginas virtuais, que procuramos transformar em *prospects* e depois clientes ou, ao menos, promotores da marca. Caprichamos nos conteúdos para não ser apenas um monte de imagens e textos na internet. Captar a atenção e o interesse, construindo conteúdo relevante e atraente, para gerar interesse genuíno em querer crescer junto de nós é um grande desafio.

Pessoas curiosas não necessariamente estão interessadas na sua entrega. Seu conteúdo precisa ser muito bom para despertar algo mais. Talvez você alcance sucesso de vendas com 5% da sua audiência – parece um número baixo, mas pense que será sobre uma base muito maior. E você pode aplicar ferramentas digitais de ajuste, como geolocalização, para ter mais assertividade no seu marketing de relacionamento.

Eu me lembro de que, antigamente, pegava o mapa da cidade e colocava um pin na rua em que moravam as pessoas interessadas na academia da qual eu era sócio, conforme o CEP informado. Ao mapear a localização do meu público-alvo, percebi que várias moravam longe, mas trabalhavam perto desse meu negócio. Atualmente, essa pesquisa é bem diferente – mais avançada, rápida e eficiente, graças às novas tecnologias –, mas a ideia é a mesma.

Estamos todos em um mundo digitalizado, e isso traz novos aprendizados e desafios a todos os profissionais. Só não podemos confundir com falta de humanização. Passamos a maior parte deste capítulo falando de relacionamentos, de atenção personalizada, de compreender as necessidades e vontades do outro, e isso não vai acabar.

Ter um olho na tecnologia e outro na humanização pode, inclusive, ajudar a criar grandes diferenciais para os negócios. Para gerir esses novos processos, persistindo naquilo que dá resultado, com começo, meio e fim, é fundamental adicionar ainda um ingrediente: a consistência.

Comunicar é dialogar, criar narrativa, encantar, informar, melhorar a imagem da empresa, educar e também vender.

Com a palavra, os clientes

Representando os mais de quatrocentos clientes que atendemos no Brasil inteiro, pedi para três compartilharem um pouco da sua história empreendedora e de como a MGB contribuiu com ela.

Em 2003, eu abri a minha escola de natação, motivada por um desejo que nutria desde muito cedo. Foi um início frenético, pois, ao mesmo tempo em que me lançava como empreendedora, também me desdobrava para cuidar de três bebês (nascidos em 2002, 2003 e 2006). Fiz parte da primeira turma de credenciados da Metodologia Gustavo Borges, e logo percebi que associar o nome da minha empresa ao de um ídolo brasileiro da natação fez grande diferença. Por ser bem fundamentada, a MGB norteou nosso trabalho, trazendo muitos aprendizados e energia. A minha empresa se destacou na cidade.

Admito que, depois de um período de estabilidade, eu me afastei um pouco para cuidar dos meus filhos e acabei me acomodando. Além do apoio da minha família e de bons colaboradores, o suporte dos profissionais da MGB para essa e outras dificuldades foi essencial. Eles não me deixaram desistir, continuaram me assessorando e dando dicas importantes para melhorar a entrega dos serviços e do aproveitamento do espaço, o que nos proporcionou a ampliação da capacidade operacional. Voltei a ter vontade de estar à frente do negócio e fazer crescer.

O Gustavo tem grande sensibilidade e uma vontade ímpar de dividir seus segredos do sucesso para nos motivar e mostrar que somos importantes. Criar pequenos hábitos para melhorar a performance e ter energia é um dos ensinamentos que têm me ajudado a ser uma gestora melhor hoje do que ontem. Sou uma empreendedora pequena, cheia de falhas, que ainda se atrapalha dividindo o tempo entre empresa e filhos, mas que se orgulha de ter evoluído na organização e na energia mudando dois hábitos simples: organizar a agenda logo cedo e fazer um pouco de yoga ao me levantar.

Nós nos preocupamos com o ensino da natação e também com a formação completa dos alunos, passando valores comportamentais para que sejam líderes e cidadãos exemplares. Faço isso com paixão e procuro desenvolver no time essa mesma vontade de fazer a diferença na vida das pessoas que confiam no nosso trabalho.

ADRIANA FURUNO, DA ACADEMIA RAIA LIVRE, EM CAÇAPAVA (SP)

Prepara... vai!

Desde que conheci o Gustavo, fiquei impressionado com o capricho que ele coloca em tudo o que faz. Então decidi ser cliente da metodologia para me ajudar na gestão das aulas de natação. A Medley Cuiabá completa 35 anos em 2024. Inaugurei quando tinha 24 anos, depois de um ano inteiro de construção. Desde então, a dedicação é grande para entregar um serviço com excelência. Trabalho com os melhores colaboradores para criarmos ações de impacto, como um evento para reforçar que 'aulas de natação salvam vidas'.

Com as altas temperaturas sempre constantes em Cuiabá, esse esporte fica em evidência, independentemente da faixa etária. Temos rios, o Pantanal, a Chapada dos Guimarães e muitas piscinas espalhadas pelos condomínios. A Semana Piscina Segura, em que os professores trabalham essa questão fundamental com exercícios aquáticos, é um alerta para os cuidados que todos nós devemos ter, a fim de evitar acidentes.

O sonho é o princípio das conquistas, e esse esporte transforma saúde, comportamento, rendimento, e é terapêutico para muitos. Quanto a quem empreende, pode acertar ou errar, mas precisa extrair aprendizados. Um que tirei da minha vivência à frente da Medley Cuiabá: se você tiver a oportunidade de acordar amanhã, seja grato e comece a tomar as rédeas da sua vida. Também fiquei mais confiante de ser possível alcançar excelentes resultados com 1. Planejamento, 2. Organização, 3. Constância, 4. Rotina.

Os consultores da MGB são conhecidos pelo cuidado, pela gentileza, pela honestidade e pelo bom caráter. Essas coisas boas são contagiantes para nós, gestores, e para os nossos colaboradores. A disciplina e o autocontrole dos próprios desejos e impulsos são importantes para mantermos o foco nos nossos objetivos. Sem dúvida, tudo isso me ajudou a achar o melhor caminho para a minha empresa.

CELSO MITSUNARI, DA ACADEMIA MEDLEY, EM CUIABÁ (MT)

O seu cliente-alvo tem sempre razão

Somos uma academia que visa prestar o melhor serviço, com diferenciais como a MGB, que fornece uma metodologia pronta e com evolução constante. Com isso, ganhamos tempo para atender melhor nossos atuais e possíveis futuros clientes, e para nos preocuparmos com outros fatores do negócio. Colaboradores treinados e capacitados dão garantia de um serviço de qualidade, de uniformidade no ensino e de todos falarem a mesma linguagem.

A equipe do Gustavo dá grande valor às experiências dos credenciados, nos ouvindo e pedindo sugestões; assim como nos lembra de que podemos fazer melhor, evoluir, aprender sempre. Falando em aprendizado, tive um caro no passado. Comprei uma academia e tive que vender em cinco anos. O erro foi acreditar que já tínhamos uma 'fórmula de sucesso', que poderíamos treinar os novos colaboradores rapidamente na nova cultura. Foi muito mais demorado do que eu havia pensado. Lição: tenha um pessoal já treinado antes de assumir um negócio ou, ao menos, esteja cercado das pessoas certas!

Hábitos que me ajudam muito na gestão são desligar as notificações do celular, trabalhar em blocos e ler todos os dias. Deixei a minha carreira de engenheiro para trabalhar na área da atividade física. Inicialmente, abri uma academia de tênis; depois, com o meu sócio, a escola de natação. Para nutrir a minha paixão pelo esporte, continuo praticando. Especialmente o tênis e o golfe, que me fazem relaxar.

Poder transformar a vida das pessoas me motiva a continuar a melhorar – a academia e a mim mesmo. A escola de natação não era lucrativa no início. Para evoluir, fiz vários cursos, principalmente no Sebrae, ligados ao empreendedorismo, como finanças, liderança, planejamento estratégico e marketing. Consolidamos o fluxo de caixa. Criamos diferenciais: a MGB e o tratamento de ozônio. Ajustamos custos. Investimos nas pessoas e valorizamos seu esforço. Promovemos (muitos!) eventos. Fechei a academia de tênis, cujo custo de locação ficou inviável. Hoje, a escola de natação é rentável, o negócio principal.

TORAO MORI, DA ACADEMIA OÁSIS, EM MOGI DAS CRUZES (SP)

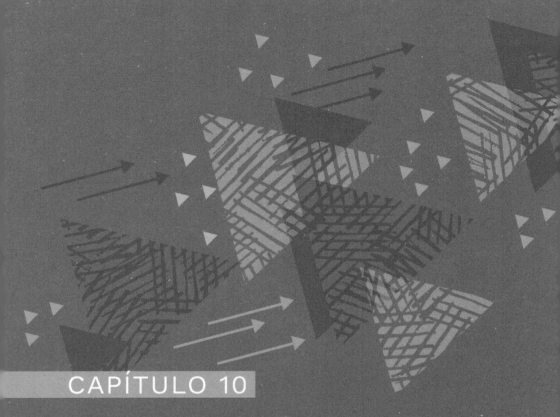

CAPÍTULO 10

Consistência: ingrediente indispensável para o resultado

Se há um aspecto que precisamos dominar em nós mesmos, para que possamos também exigir dos nossos liderados, é consistência naquilo que fazemos. Saiba que tudo que eu falei até agora tem a ver com este ponto. Estava subentendido em cada frase deste livro, e agora vou deixar explícito para você que está construindo um negócio campeão.

Trata-se da maneira como iniciamos, conduzimos e finalizamos um trabalho. Remete à cadência, ao acúmulo de uma mesma ação, à frequência, repetição com direito à polimento, aprimoramento, provocando uma ruptura com o que não ia tão bem. Isso serve para todas as funções e áreas de atuação, fazendo com que os gestores e seus colaboradores trabalhem com firmeza nas suas ações e com qualidade em tudo o que querem desenvolver.

Consistência faz parte da essência da alta performance, que, segundo Brendon Burchard, pode ser entendida como a construção de resultados acima do padrão estabelecido, de maneira *consistente* e no longo prazo.[50] Não tem escapatória. Sem consistência no trabalho individual e no da equipe, mesmo seguindo tudo o que orientei nos capítulos anteriores, uma parte considerável das ações promissoras será jogada para "debaixo do tapete" da empresa.

> **Não adianta se gabar por ter iniciativa e coragem se você não finalizar a contento. Não dá para apenas começar bem sem persistir até alcançar o melhor resultado, conforme o planejado.**

---

50 BURCHARD, B. **O poder da alta performance**. *op. cit.*, pp. 22-23.

Prepara... vai!

Em *Empresas feitas para vencer*, o pesquisador estadunidense Jim Collins traz vários elementos que levaram um seleto grupo de empreendedores a alcançar resultados excelentes. Um deles é focar aquilo que faz muito bem. "As empresas feitas para vencer são mais como porcos-espinhos: criaturas simples e desengonçadas que sabem apenas uma grande coisa e se mantêm fiéis a ela," enquanto as outras são como raposas, "criaturas astutas e cheias de truques, que sabem diversas coisas, mas a quem falta consistência".[51]

O autor também compara a empresa a uma roda volante, explicando que ela pode ser pesada, mas, se você continua empurrando firmemente, em determinado momento romperá a resistência e a força da rotação da roda ficará a seu favor. Ou seja, quando há consistência e o gestor segue em frente com uma atuação de qualidade, a empresa pega tração e passa de boa para ótima.

Concordo com esse especialista em gestão que não existe crescimento da noite para o dia – exceto se você ganhar na loteria, mas não se pode contar com isso. A "sorte" vem com o trabalho – e se repito tanto isso nos meus conteúdos é porque eu também quero ser relembrado disso. Independentemente do resultado impressionante que as empresas estudadas por Jim Collins e equipe tenham alcançado, as transformações não ocorreram de uma vez só, mas por um acúmulo de esforços, de processos de aprendizado e de evolução constante.

Quando você, como gestor, recebe um time para liderar, o que faz? Reúne todos para conversar, alinhar as ideias e objetivos, planejar uma série de ações e então colocar o "carro" para andar, é isso? Produção e progresso, correto? E depois? Como fará o acompanhamento do andamento? Qual é o processo para chegarem ao destino correto juntos? Em quais momentos você saberá se tudo o que combinaram está funcionando, sendo implementado do começo ao fim?

É comum vermos empreendedores desistindo antes de o resultado começar a aparecer justamente por não observarem a importância da consistência. Muitos não entendem que, para alcançar a excelência,

---

51 COLLINS, J. **Empresas feitas para vencer:** por que algumas empresas alcançam a excelência... e outras não. Rio de Janeiro: Alta Books, 2018, p. 162.

Consistência: ingrediente indispensável para o resultado

precisam praticar, repetir e aprimorar pelo tempo necessário, sendo consistentes (começo, meio e fim). Assim, manterão o padrão da entrega e o vínculo com o cliente.

Se o trabalho é irregular – pois nem tudo que começa, acaba –, o que se instala é uma insegurança generalizada, e não a satisfação emocional e financeira advindas de acompanhar o progresso. Sinceramente, não há mais lugar para quem divulga aos quatro cantos estar lançando um projeto inovador que vai "fazer e acontecer", e depois o abandona pela metade para se ocupar com outra coisa.

Quantas vezes você não teve no time alguém (ou você mesmo, quem sabe?!) que lançou uma ideia incrível, preparou o terreno para concretizar e, na hora da execução, atrasou, adiou, enrolou. Cumpriu bem duas etapas do processo, mas não entregou o resultado. Por mais que essa pessoa tenha tido coragem de expor a ideia e clareza da situação para "acertar no alvo", deixou a desejar em outros aspectos que garantiriam a continuidade, como foco, determinação e disciplina, mostrando-se inconsistente e, por isso, não confiável.

Como um negócio progride com obras inacabadas? É incrível a frequência com que isso acontece, seja por carência de recursos, por procrastinação ou por falta de motivação. Independentemente do motivo, colocar a perder todo o esforço facilita o fracasso.

A consistência é um ingrediente indispensável para concluir um pacote de vendas, uma programação de aulas, um projeto de fidelização, uma obra, uma campanha de marketing, seja lá o que for. Conseguimos ser consistentes quando temos clareza do nosso propósito, sabemos por que e aonde queremos chegar e agimos para manter o nosso diferencial, para continuarmos no patamar de buscar excelência.

É como se a consistência pavimentasse o caminho para você alcançar os objetivos estratégicos que demandam tempo para serem finalizados. Trata-se de um ponto a ser elaborado no trabalho, nos treinamentos, nos cuidados com a saúde e com a família, no dia a dia. Fez a diferença na minha carreira de atleta e perdura na de empreendedor.

Prepara... vai!

Diminua as tarefas para ir até o fim

Na minha vida, a consistência sempre foi extremamente útil para me tornar um nadador de alta performance ao longo de dezesseis anos, quatro ciclos olímpicos, para completar com sucesso o processo de transição de carreira e para construir, desde 2005, uma jornada empreendedora, entregando resultados a gestores, mentorados, colaboradores, alunos e seguidores.

Muitas pessoas me perguntam como consegui nadar quatro ciclos olímpicos e empreender em uma série de outras atividades durante tanto tempo. Realmente, esse fato chama a atenção por vivermos em um mundo acelerado, em uma cultura imediatista, em que tudo parece ser "para ontem" – basta ver a impaciência generalizada quando a internet está lenta. Mas logo deixo claro que, sem consistência, não teria alcançado tantos resultados acima da média.

Também costumo brincar que o que vem rápido, normalmente, é notícia ruim. A boa é que a construção de um projeto de vida, uma carreira, uma empresa sólida, vem de uma palavra simples, mas ao mesmo tempo complexa por exigir execução organizada e garantia de começo, meio e fim em tudo que abordei até aqui: foco, disciplina, gestão do tempo, energia, produtividade, influência.

Você termina o que começa? E a sua equipe? Você se considera um empreendedor, um gestor, um líder que trabalha de maneira consistente? Faz o que precisa ser feito com começo, meio e fim e com qualidade? No dicionário Michaelis,[52] a definição de consistência traz palavras muito poderosas, como: coesão, densidade, resistência, firmeza, aderência, solidez, veracidade, coerência. Lembre-se delas para finalizar as ações importantes com algumas vantagens, como:

- Melhorar os indicadores de performance, os "centésimos de segundo" que diferenciam o seu negócio;

---

52 CONSISTÊNCIA. *In*: DICIONÁRIO Michaelis de Língua Portuguesa. São Paulo: Melhoramentos, Disponível em: https://michaelis.uol.com.br/moderno-portugues/busca/portugues-brasileiro/consistencia. Acesso em: 4 jun. 2022.

Consistência: ingrediente indispensável para o resultado

- Manter as ações e a comunicação alinhadas aos valores e à identidade da empresa;
- Fortalecer os pontos fortes e melhorar (ou pelo menos neutralizar) os fracos da equipe e da liderança;
- Trazer coerência na exposição de fatos ou pontos de vista;
- Conquistar clientes e transmitir segurança e respeito ao mercado.

De maneira geral, quando se tem um objetivo, um olhar para o futuro, para o que almeja, é mais fácil comprometer-se com aquilo que pretende fazer. Ao gerar esse compromisso, vai fazer um trabalho bem-feito. E assim, com excelência, com capricho, constrói-se um futuro melhor para o negócio.

Se você tem um objetivo para o futuro, deve abraçá-lo até que se concretize. Por isso, não menospreze a consistência. Trabalhe força de vontade e dedicação com a sua equipe para que concluam esse futuro juntos. Valorize o processo completo, porque é essa mentalidade e atitude de finalização que falta a muitos negócios.

As três áreas da alta performance – sucesso além do padrão estabelecido, com consistência e a longo prazo – conectam-se com tudo o que envolve produção e progresso. Por exemplo, se incentivarmos foco, automaticamente incentivamos compromisso e atenção. Dedicação? Força de vontade. Quando queremos atingir um objetivo, circulamos por todos esses quesitos, porque eles estão conectados.

Com a vida agitada do gestor, corre-se um grande risco de dar início a inúmeras atividades, sem terminar quase nenhuma. Quantas vezes ouvimos profissionais dizerem: "Tenho mil coisas para fazer, mil e um compromissos, e não consigo terminar todas como gostaria!"? Falta de consistência. Quando meus mentorados tentam colocar a culpa no excesso de atividades, faço duas perguntas, que você também deve se fazer: aonde mesmo você quer chegar? E do que precisa para chegar lá?

Depois que o gestor definiu ou refrescou a memória sobre o plano traçado com a sua turma, precisa comprometer-se com o que é prioridade para liderar o processo com calma, dedicação e firmeza. Esse é o caminho para gerar resultado de qualidade. Como as distrações interferem muito na consistência do trabalho, a atitude inteligente é afastar-se delas.

Prepara... vai!

Certo dia, estava nadando, e de repente meu celular vibrou. Eu sempre deixo meu celular no silencioso para não atrapalhar outras pessoas. Entre uma braçada e outra, tirei o aparelho da sunga (sim, minha sunga tem um porta-celular) e comecei a responder a mensagem, pois era urgente. Era uma braçada, uma teclada, até finalizar aquela resposta e continuar o meu treino.

Claro que isso não aconteceu! Eu só estou brincando, pois não conseguiria digitar e nadar ao mesmo tempo. Bem que somos desafiados a ser multitarefas! Na próxima vez que você estiver trabalhando em algo que precisa de foco, esqueça o celular ou outros tipos de distração, pois isso afeta o resultado. Se não acredita em mim, coloque seu celular na sunga ou maiô e pule na piscina. Escreva uma mensagem enquanto nada, e veja se você chega às Olimpíadas!

Eu não fui para quatro Olimpíadas fazendo um monte de coisas ao mesmo tempo. Imagine o atleta caindo na piscina para nadar, treinando para um desafio importante, cujo objetivo é ganhar medalha, e de repente, resolve responder a uma mensagem do WhatsApp? Não dá! Assim como seu treinador não acompanha bem o treino se estiver falando com jorna-listas e cumprimentando outras pessoas ao mesmo tempo.

Por que um gestor entende que o atleta e a sua equipe técnica precisam estar focados e treinando com consistência, mas não entende da mesma maneira quando é consigo e seus colaboradores? Se o gerente ou diretor de um negócio está no escritório, trabalhando em algo importante, precisa se dedicar àquilo tanto quanto o atleta se concentra no treino.

Respeite o tempo combatendo o desânimo

A verdade é que se você faz uma série de coisas ao mesmo tempo, não consegue fazer nada bem-feito. E se não faz nada bem-feito, desanima e estaciona na sua jornada de progresso, não consegue mais caminhar para o sentido que deseja. Não constrói mais degraus para alcançar aquele objetivo final.

Se você tem um objetivo para o futuro, deve abraçá-lo até que se concretize.

Prepara... vai!

Assim, a sua força de vontade definha, diminui, até que some. E você passa a ser mais um a se lamentar: "Não tenho energia, tudo que começo não termino, não vejo progresso, por mais que me esforce". Se você é o gestor, precisa aprender a delegar, focando o que depende exclusivamente da sua decisão, o que de fato precisa fazer. Se você responde ao gestor, precisa planejar com o seu líder a sua agenda de ações em ordem de prioridades.

Em ambos os casos, tenha consciência de que, mesmo tomando essas providências, o resultado não vai aparecer em uma braçada só. Assim como ninguém vai nadar bem só com um treino na piscina. É preciso consistência, encare o foco e a disciplina como aquela vitamina que você toma todos os dias para recarregar a energia e terminar o que começou.

Muitas vezes, começamos um projeto e paramos no meio. Decidimos fazer algo, temos um objetivo, nos comprometemos e, de repente, sentimos desânimo, cansaço, porque o desafio é enorme e o processo é difícil. Muitas coisas que acontecem no nosso dia a dia atrapalham a bendita consistência.

O desânimo assombra os profissionais na situação típica de perceberem que o objetivo é maior do que o que podem entregar. Logo a mente decreta *não vai dar*, o que faz muitos perderem o pique e não finalizarem aquilo a que se propuseram. Volto à analogia da vida de atleta, porque, naquela prova de revezamento que mencionei anteriormente, mesmo que não conquistássemos a medalha de bronze, o que jamais poderíamos fazer era não nadar até o final, relaxando nas últimas braçadas.

Isso vale de analogia para todos os tipos de atividade. Porém, infelizmente, é mais comum do que se imagina um profissional não finalizar com o mesmo afinco seu trabalho, por exemplo, por desconfiar, faltando alguns dias, de que não vai bater a meta do mês. Ou então por retornos evasivos de clientes que se comprometeram a fechar um negócio. Esse trabalhador que não finalizou o processo talvez já queira prospectar outro cliente, pensando: *eu fiz minha parte*. Mas faltou consistência no seu trabalho. Nós precisamos caminhar juntos *até* alcançar o resultado. Em Sidney, nós chegamos lá, finalizamos com medalha apesar de todas as dificuldades que tivemos de enfrentar juntos.

Consistência: ingrediente indispensável para o resultado

Um dos muitos desafios do empreendedor é manter a equipe produzindo no mesmo ritmo, sem vacilar. E em um ritmo forte, para não perder a competitividade. No começo, tudo parece fluir maravilhosamente bem. Impressão semelhante à de muitas pessoas que começam a praticar atividade física. Elas acordam cedo, correm, nadam, pedalam ou malham diariamente. Eu pergunto: será que têm foco, consistência e paciência para perseverar até enxergar resultados? Sem esse pacote, abre-se uma porta para o desânimo. Daí, o ritmo, que era diário, passa para três vezes por semana. Depois, para duas... uma... até que elas desistem, podendo apelar para desculpas como a de estarem muito ocupadas, sem tempo.

O que eu quero dizer é que, normalmente, todo início vem acompanhado de uma empolgação acima da média. O desafio é sustentar esse ânimo por um período prolongado: até o fim do processo ou permanentemente, como deveria ser com a atividade física e com o seu ganha-pão. Nem sempre é fácil manter a atitude consistente ou transmiti-la à equipe, mas é extremamente necessário. Como afirma o empresário Howard Schultz, CEO da Starbucks: "Todo mundo começa forte. O sucesso vem para aqueles que têm o compromisso inabalável de continuar assim até o fim".

Eu nunca me esqueço do meu treinador me perguntar constantemente se eu estava feliz com os resultados daquele dia. Para que você também persista, finalizando o que começa, inspire-se nisso e se faça essas duas perguntas sempre que encerrar o seu expediente de trabalho: estou feliz com os resultados que obtive *hoje*? E o que posso aprimorar *amanhã*?

Lide com novos desafios – hoje e sempre

Consistência é um dos três valores virtuosos que levam a melhores resultados dentro do que eu chamo de Triângulo da Loucura, composto de movimento e aperfeiçoamento diários. As três letras iniciais formam a palavra *MAD*, que significa louco em inglês.

Prepara... vai!

Empreendedores do corpo, como são os atletas, estão acostumados a horários rígidos, treinamentos intensos e duros, hábitos diferentes e fome (muita!) de vencer. É uma loucura de vida, assim como a dos empreendedores dos mais variados negócios. Por isso, venho falando bastante sobre a necessidade de **movimentar o negócio**, entrando em ação, tendo a paixão como combustível, unindo-se às pessoas boas, usando a determinação como um grande valor virtuoso; além de **aperfeiçoar os processos,** aprendendo com os erros, investindo em treinamentos, organizando-se, utilizando a disciplina como força de propulsão para gerir com método, processo e qualidade.

Neste capítulo, complemento o Triângulo da Loucura reforçando a relevância de manter esse movimento e aprimorá-lo **diariamente**, com consistência. Desde o momento em que você planeja um negócio, partindo da visão macro (sistêmica) para micro (atenção aos detalhes), é importante seguir esta lógica:

- **Começar.** Traçando estratégias para as áreas às quais se dedicar mais (áreas macro);
- **Avançar.** Desenhando as maneiras de aperfeiçoar o time nessas áreas, e as ações de todos para entregar ao cliente algo melhor hoje do que entregou ontem;

Consistência: ingrediente indispensável para o resultado

- **Definir um prazo.** Estipulando por quanto tempo valerá cada estratégia, para avaliar o resultado e também para você, como gestor, se dedicar a esse desenvolvimento.

Quando eu partilho esse conceito do triângulo com meus mentorados, acrescento perguntas para ajudá-los a identificar para onde estão indo: o que você acha que precisa desenvolver em si mesmo e na sua equipe para se movimentarem em direção a um melhor resultado? Qual é o novo conhecimento que talvez não tenha(m), mas precise(m) adquirir ou aprimorar para melhorar ganho?

Todos os gestores precisam consistentemente atualizar conhecimentos e habilidades específicas para solucionar novos problemas e atitudes. Entrar em ação sem se preparar é o mesmo que entrar em uma batalha sem as armas corretas. Para aumentar as chances de vitória, identifique quais conhecimentos, habilidades e atitudes/ações você precisará adquirir e/ou adotar, assim como desenvolver na sua equipe. Importante: deve refazer esse ciclo de novo e de novo.

Desde o início deste livro, ressalto que o gestor enfrenta uma lista infindável de desafios. Além dos que sempre existiram em qualquer negócio, e continuarão existindo, como os de captar e manter clientes e fechar o caixa no azul, surgem outros a todo momento. E isso exige que o gestor, diariamente, busque novos conhecimentos, desenvolva novas habilidades e tenha novas ações. Essa é uma teoria conhecida no mercado de desenvolvimento humano e empresarial pela sigla CHA (conhecimento, habilidade e atitude):[53]

- **Conhecimento.** O que você precisa saber para ter resultado e chegar aonde quer com o negócio?
- **Habilidade.** O que você precisa saber fazer para ter resultado e chegar aonde quer com o negócio?

---

[53] O psicólogo e professor David McClelland foi o precursor de algumas correntes de pensamento, como a Teoria das Competências, que contribuíram para a criação do conceito de CHA por Scott B. Parry, presente em sua obra *The Quest for Competencies* [A busca por competências, em tradução livre], publicada em 1966.

Prepara... vai!

- **Atitude/Ação.** O que você quer fazer para ter resultado e chegar aonde quer com o negócio?

Essa ferramenta é bastante utilizada em avaliações de competências de colaboradores, perfeitamente aplicável ao contexto dos desafios de quem está à frente de um negócio, empreendendo. Funcionou para mim em vários momentos, em especial quando fiz a minha transição de carreira, e vai funcionar para você também.

No meu caso, precisei entender as dificuldades de empreender em outros negócios e criei um planejamento para superá-las. Por exemplo, estudar o que fosse necessário para divulgar e vender a nossa metodologia, como marketing digital; focar o desenvolvimento de habilidades de comunicação, como falar em público; e me aliar aos melhores sócios para aquilo que eu queria no longo prazo.

Aprendi sobre economia na faculdade e encontrei inspiração nos meus sócios, mas também fui buscar conhecimento na literatura empresarial para me estruturar como empreendedor. Saber da experiência de vida de outros empreendedores e ter referências de estudiosos de gestão e liderança por meio de livros e conversas, principalmente, foi e sempre será enriquecedor.

Ter entrado na Associação Brasileira das Academias (ACAD) e depois a presidido durante quatro anos também me trouxe mais conhecimento sobre a dinâmica geral do mercado e questões de políticas públicas e habilidades específicas de negociação, além da oportunidade de lutar pelo avanço do setor vivendo uma experiência mais política e institucional.

O marketing digital, como vimos, é um tema a ser desbravado pela maioria dos empreendedores, por vivermos em um mundo cada vez mais conectado. Há vários outros assuntos que estão na ordem do dia para conhecermos melhor, como meios de pagamento, diversidade e inclusão, metaverso, economia circular etc. Livros, podcasts, *lives* e treinamentos/cursos são ótimos caminhos para evoluir no conhecimento macro. Depois invista em habilidades específicas, ou pontos micro do seu interesse. Pode ser que precise aprender técnicas de negociação ou sobre concessão de linhas de crédito, por exemplo. Para completar a tríade, tome atitudes, aja aplicando o que passou a *saber* e *saber como fazer*.

Consistência: ingrediente indispensável para o resultado

Saber mais não necessariamente faz com que você desenvolva habilidades. Porém, quando pratica o que estudou, desenvolve competências e transforma suas ações em resultado.

Um dono de escola de natação não precisa ser arquiteto ou engenheiro para discutir com os construtores as questões relativas à obra, mas noções básicas de arquitetura podem ajudá-lo a melhorar a circulação e utilização do espaço. Inspirando-se na teoria CHA, é possível ser um gestor melhor e identificar as áreas a serem desenvolvidas, mapeando conhecimentos, habilidades e ações necessários para avançar em uma ideia, um projeto, um objetivo.

E o que vem depois? Só poderia ser "estica e finaliza", tenha consistência. É ela, de novo e de novo, que fará a diferença no processo, garantindo que a sua produção o leve ao progresso. É com ela que concluo pontos importantes abordados neste livro sobre gestão de resultados, desejando que essa palavra fique bem viva na sua mente e, por consequência, na de todos que levarão o seu empreendimento para frente com você.

CAPÍTULO 11

Caia na água e entregue tudo

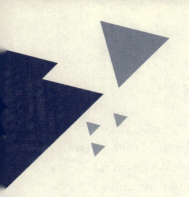

A melhor maneira de fazer acontecer é "cair na água" e entregar tudo. O trabalho duro vencerá um talento preguiçoso não desenvolvido. Neste livro, você encontrou todos os elementos essenciais para fazer melhor como gestor, capacitar seus colaboradores, atender seus clientes e faturar mais e, agora, pode contar com a força dos valores e pilares de alta performance para desenvolver o seu negócio. Releia, estude e pratique para se automotivar.

Motivação nos leva para frente, e quanto mais a avivarmos, melhor. Dentro e fora das piscinas, eu precisei de muitas horas, meses, anos de treinamento para evoluir nas habilidades e estratégias necessárias. Foi assim também com os negócios atuais. O longo prazo é um caminho assertivo de construção de resultado, então não pare por aqui. Depois de fechar estas páginas, continue aplicando os pontos importantes que discutimos em cada capítulo.

De maneira objetiva, sucesso é resultado. Sendo assim, todo gestor precisa fazer o seu negócio melhorar todos os dias para ser bem-sucedido. Sabendo que foco e consistência caminham juntos, coloque os dois para funcionar naquilo que você deseja mudar/aprimorar, e aumentará suas chances de chegar a um resultado melhor. E se você é líder, desafie seus liderados a seguirem seus passos.

Ainda que a máquina execute diversas ocupações humanas, não conseguirá evoluir na incrível habilidade de ser um indivíduo. Gente que sonha, que encanta, que ensina, que dá exemplo. Antes de imaginar um futuro dominado por robôs, é preciso encarar o presente, feito de carne e osso. Vamos ajudar mais e mais profissionais a atingirem seus objetivos de carreira, enquanto os capacitamos para alcançarem também as metas da empresa.

Prepara... vai!

Tenha seus marcadores de sucesso

Quando volto e analiso minha história, em 1992, 1996 e 2000, relembro que eu caí na água e entreguei tudo. As recompensas vieram nas cores do ouro, da prata e do bronze: foi incrível! Quando me volto para os negócios que abri com sócios, reconheço que tivemos um planejamento incrível, com gestão de tempo, coragem, foco e análises ao longo do crescimento. A primeira academia gerida pelo nosso grupo deu a linha, clareza, vida à metodologia que lançamos em 2005. É por isso que eu brinco que encarei essa transição de carreira como se me preparasse para uma "outra Olimpíada".

O que muita gente não sabe – e quando eu conto em apresentações empresariais gero risadas da plateia – é que, embora eu já quisesse fazer alguma coisa ligada à saúde, à educação física, ao bem-estar, me lancei em um empreendimento completamente descolado disso: fui sócio de um bar em um bairro de São Paulo com muitos escritórios. Surgiu a oportunidade, eu encarei. Ficava lotado nas *happy hours* e continuava noite adentro.

Mas logo depois consegui seguir meu desejo, focar o segmento das academias e na metodologia que desenvolvi com meus sócios. Eu me encontrei profissionalmente no propósito de educar pelo esporte. Era isso que fazia sentido na minha vida, e sigo feliz. A relação com a água me trouxe muitas reflexões sobre a relevância de entrar em ação. Elegi três palavras que se tornaram marcadores de sucesso para tudo o que fiz dentro do esporte e que agora trago para o empreendedorismo:

- **Protagonismo.** O esportista é jogado na água ou na quadra para entrar em ação, e ele tem de fazer acontecer! Por me considerar um empreendedor e um gestor protagonista, eu lidero a mim mesmo, ajudo outros profissionais a se desenvolverem e contribuo com meus clientes. Ser protagonista é tomar iniciativa, assumir responsabilidades, fazer a entrega sem reclamar ou culpar os outros pelos problemas. O primeiro passo é seu. Vá lá e faça, com a sua equipe, com espírito de cooperação e tudo o mais que apresentei neste livro.

O **trabalho** **duro** vencerá um talento preguiçoso não desenvolvido.

Prepara... vai!

- **Ousadia.** Buscar novas soluções e encarar os desafios que estão à frente é obrigação. Ser ousado é se arriscar para fazer as coisas de uma maneira diferente da que todos estão acostumados. Como atleta, por várias vezes tive de mudar, mesmo quando ganhei e, principalmente, quando perdi, para tentar algo diferente, surpreendente, mais eficiente. Nas decisões que o gestor toma, é primordial passar da zona de conforto para a de expansão por meio de novos conhecimentos, leituras, aprendizados, inovações, a fim de "ir pra cima".

- **Persistência.** Implica plano e projeto, com otimismo e positividade, comprometimento e repetição para garantir a habilidade. Faz parte de mim querer fazer as coisas bem-feitas por um bom tempo, dando o meu melhor e evoluindo sempre. A persistência traz um elemento fundamental para o nosso trabalho: o pensamento de longo prazo. Eu não conheço ninguém que tenha ficado bom fazendo algo por dois minutos, ou apenas digitando 140 caracteres. É preciso repetir com cadência, com constância, no ambiente e direção corretos, para que haja progresso.

Fique à vontade para utilizar essas palavras como marcadores de sucesso. Ou, inspirando-se em tudo que leu neste livro, escolha as três palavras que serão os **seus** marcadores de sucesso daqui para frente. Aquelas cujos conceitos e valores levarão seu negócio mais longe; que o motivarão a liderar melhor a sua equipe, dando norte a todos à sua volta; que despertarão respeito e admiração dos clientes e do seu mercado. Escreva-as aqui, na sua agenda, na parede do seu quarto (é o meu caso) e onde mais quiser:

1._____

2._____

3._____

Leia-as quantas vezes quiser em voz alta, porque certamente essas palavras o lembrarão de valorizar o processo e a construção pela qual está passando profissionalmente. Serão a motivação para querer sempre se superar, renovando energia e coragem para fazer as coisas aconte-cerem. Superação exige mais que desejo, então, faça o que disse meu treinador: "Estica e finaliza".

Comemore as conquistas com o time

Devemos comemorar o resultado de sermos protagonistas, ousados e persis-tentes; pessoas que fazem acontecer. Não apenas as grandes conquistas, mas também as pequenas vitórias, nos momentos adequados e de maneira construtiva. Defina com a sua equipe metas atreladas a premiações cole-tivas e individuais, invente concursos internos. Promover essa rotina, esse sentimento, valoriza o trabalho e o esforço das pessoas.

> **Comemore as coisas boas na sua empresa! Essa valori-zação das pequenas vitórias ajuda a fortalecer a união do time. Reunião também pode ser comemorativa, destacando as boas soluções.**

Tem equipe que bate uma meta atrás da outra, mas quando o seu gestor chama para reunião, é só para dar broncas, passar novos regu-lamentos, ressaltar os deveres. E das conquistas, não se fala nada? É importante verbalizar, expressar, valorizar. É como no futebol. O jogador comemora a cada gol, recebe abraços dos colegas, vibra com a torcida... Uma grande celebração alimenta a paixão, dá energia.

No podcast que gravei com Wilson Poit, citado anteriormente, ele contou que só fez sucesso com a sua quinta empresa, a Poit Energia, e que buscava todos os meses um motivo para comemorar: um cliente novo, uma meta superada, a entrada em um segmento de mercado... Havia churrasqueiras nas várias filiais para fazer uma festa sempre que possível. "Assim como o salário, as pessoas gostam de trabalhar em lugares que comemoram as vitórias, que fazem reuniões também para agradecer", pontuou na nossa conversa.

A turma está fazendo o seu papel, dedicando-se, e um tapinha nas costas não é suficiente para valorizar um trabalho bem-feito. Para um

Prepara... vai!

pequeno empreendedor talvez não dê para programar uma churrascada (nem de picanha nem de linguiça), mas é possível registrar esse reconhecimento de várias maneiras, com criatividade e empatia. Pode ser com um brinde ou comendo cachorro-quente junto. O importante é fazer pausas para dar feedbacks, avaliar o progresso e compartilhar as alegrias.

Arrume seu negócio antes de querer arrumar o mundo

Imagine que agora, com os pontos que abordei, você tem um estoque renovado de ferramentas dentro de uma caixa ou pochete, de onde vai tirar tudo o que seu negócio demandar: clareza em um projeto? Conhecimento de algum livro? Uma técnica de liderança? Um argumento para fechar uma venda? Utilize essa pochete imaginária para gerir os muitos desafios de empreender que você encontrará pelo caminho.

Esta é a grande revelação: preparar-se para o início, o meio e o fim da caminhada, caso queira passar o bastão para um filho ou vender e fazer uma transição para um novo objetivo. Ganhar e perder, já vimos, é transitório. E, mesmo que seja derrotado em um ou outro desafio, evolua no conjunto da obra dando seu melhor. Entregue tudo! E se algo ameaçar sua disciplina, lembre-se de que, quanto mais você se organizar para fazer *aquilo que importa*, estando presente nos momentos imprescindíveis e cumprindo com as suas responsabilidades de gestor, mais impactará positivamente o seu negócio.

Brendon Burchard, em seu livro *The Motivation Manifesto* [O manifesto de motivação, em tradução livre],[54] deixa claro que a motivação vem das escolhas, a partir do esforço e atenção naquilo que você quer, aliado a uma expectativa e ambição daquilo que deseja. É preciso canalizar foco e energia para o seu objetivo, algo que quer conquistar lá na frente. Isso traz resultado, motiva. O ambiente externo pode até impactar e amplificar a motivação, mas não é o principal. Então saiba o

---

54 BURCHARD, B. *op. cit.*

Caia na água e entregue tudo

que quer como gestor e empreendedor e use todos os pontos deste livro para fazer um trabalho bem-feito.

Certa vez, eu falava sobre os pilares da alta performance e fui questionado sobre como seria possível ter tudo isso sabendo que há tantas coisas ruins acontecendo no mundo. Minha recomendação a essa pessoa foi que se preocupasse menos com as situações sobre as quais não tem controle e se voltasse para a realidade da própria vida e negócio. Ou seja, no que está ao seu alcance transformar.

Eu espero o mesmo de você. Foque aquilo que pode resolver, que depende do seu esforço e de aplicar todos os pontos tratados neste livro. Ao nos preocuparmos com a nossa família, nossos colaboradores, nossos clientes, nossos negócios, nossas ações, estamos contribuindo com o todo de algum modo.

O líder nível 5, que seria o mais alto grau dentro do conceito que Jim Collins explica em seu livro *Empresas feitas para vencer*,[55] tem, além de vontade, duas características fundamentais: respeito e humildade. Não possui um ego gigantesco, sabe que não tem o poder de resolver todos os problemas do mundo. Por outro lado, é um profissional que faz, que entra em ação, e influencia mais gente a fazer também. Você quer construir a sua obra, o seu negócio, a sua família e tudo mais de positivo que esteja ao seu alcance – um passo por vez.

Com essa atitude bastante positiva, já está contribuindo com a sociedade por meio da sua entrega e sendo um bom cidadão. Como bem diz Jordan Peterson em *12 regras para a vida*,[56] arrume sua vida antes de querer arrumar o mundo, encorajando o protagonismo interno de cada um e lembrando que um futuro promissor, o que todos nós queremos, é fruto de um presente eficiente. Portanto, *prepara... vai!*

---

55 COLLINS, J. *op. cit.*, pp. 37-38.

56 PETERSON, J. *op. cit.*, p. 164.

CONCLUSÃO ▶▶▶

Quem reclama perde; quem agradece ganha

É com essa vibração que nosso time trabalha. Acreditamos ser impossível desassociar os resultados que alcançamos, desde quando inauguramos a primeira academia, da decisão de liderar a nossa vida e as nossas ações. O nosso sonho se materializou porque nos esforçamos com estratégia, estudo contínuo e coragem, focando nisso todos os dias.

A satisfação da conquista promove o sentimento intenso de gratidão. Nós forjamos o nosso caráter e pavimentamos o nosso futuro por termos acreditado no que acreditamos. Por termos absorvido das pessoas, dos lugares e das situações o melhor que poderíamos, pensando nas coisas boas que viriam pela frente.

Se, hoje, temos negócios que nos permitem transmitir valores e ensinamentos a empreendedores e profissionais das mais variadas áreas, isso tudo vem de uma bagagem de consistentes avanços, adquirida nos muitos anos de dedicação à natação. Amamos esse esporte, praticando, trabalhando com ele e, mais importante, usando-o como instrumento para melhorar os negócios e a vida de outras pessoas.

Não por acaso o lema da MGB é "educar por meio da natação". E devemos estar fazendo algo muito bom, visto que uma das leis do filósofo grego Platão, cujo nome quer dizer "costas largas", diz que "o cidadão educado era aquele que sabia ler e nadar". Temos muita gratidão pelo que vivemos e conquistamos e pela oportunidade de contribuir para formar cidadãos.

"Quem reclama perde; quem agradece ganha": se esse mantra fizer sentido para você também, viverá com mais leveza, cultivando o bom humor e a positividade! Junto dos ensinamentos compartilhados nestas páginas, você alcançará prosperidade nos negócios e uma vida de alta performance, respeitando o trabalho em equipe e lidando com expectativa, coletividade, competição e estratégias de uma maneira mais organizada e ativa.

Não fique preocupado com os outros. Você não consegue controlar as outras pessoas; no máximo, pode influenciá-las. Foque o seu quadrado e o desenvolvimento humano e estrutural do seu negócio. A comparação deve ser sobretudo consigo, sem qualquer tipo de vitimização. Pessoas que assumem as rédeas da própria vida são mais gratas. Agradeça mais e reclame menos. Com isso, a confiança aumenta e o resultado aflora.

Minha esposa Bárbara, também ex-atleta, e eu transmitimos tudo isso aos nossos filhos, Luiz Gustavo e Gabriela. Com base em todos os ensinamentos do esporte, do empreendedorismo e dos que vieram de casa, do seu Jovino e da dona Diva, nós incentivamos nossos filhos, em primeiro lugar, a ter amigos e a fazer conexões com boas pessoas. Em segundo, a se divertirem, procurando extrair alegria do lazer, do trabalho e de tudo o que fizerem; e, por fim, a colocarem capricho nas suas ações, dando o seu melhor sempre. Esses três pontos valem para a vida pessoal e para o dia a dia da empresa, concorda? Ajudam a desenvolver senso de comunidade, *networking*, um ambiente agradável e evolução constante das pessoas que fazem o negócio acontecer.

Há também mais um incentivo que eu ainda não contei: minha esposa e eu fizemos um trato com o Luiz Gustavo e a Gabi que eles

Pessoas que assumem as rédeas da própria vida são mais gratas. Agradeça mais e reclame menos.

Prepara... vai!

viveriam a experiência da natação até completarem 16 anos. Esse acordo era inegociável, porque eu sabia que o esporte os educaria para uma série de desafios que enfrentariam na vida.

Você sabe, eu cursei Economia na Universidade de Michigan, nos Estados Unidos, e defendi a instituição em diversos campeonatos de natação. No seu hall da fama estão, lado a lado, a minha touca e a do Michael Phelps. Tenho muito orgulho e gratidão por essa conquista, além de pelos meus dois filhos, que se tornaram alunos na mesma instituição.

A Gabriela fez natação até seus 16 anos, honrando o nosso combinado. Depois, encerrou esse ciclo e foi encontrar o seu caminho. Escolheu estudar Engenharia em Michigan. Ingressou academicamente e foi recrutada para integrar a equipe de remo da universidade. Eu fiquei muito feliz porque ela também teve essa experiência de time, de passar por uma seletiva, de competir... Depois, resolveu focar exclusivamente os estudos e tornar-se a engenheira que mais vai dar orgulho à família.

O Luiz Gustavo foi atleta bolsista e também nadou pela universidade. Formou-se em Administração e escolheu voltar para treinar no Brasil e trabalhar remotamente na área de vendas de uma empresa norte-americana. Em 2022, venceu os 50 metros livre em piscina longa. Além de campeão do Troféu Brasil, alcançou índice para representar o país no mundial em Budapeste, na Hungria. O sonho de participar dos Jogos Olímpicos Paris 2024 ganhou fôlego, é claro, mas ele sempre deixou claro que traçaria um caminho próprio, sem ficar à sombra de ninguém. Em uma *live* que fizemos juntos logo depois dessa vitória, ele me deu uma linda demonstração de estar pronto para o que der e vier quando disse qual era o seu mantra: "Seja o melhor que você consegue ser".

É isso! Você pode não estar hoje com o resultado que deseja, mas olhe para o potencial que tem de chegar mais longe. Acredite em si como profissional, como gestor, como empreendedor. Lidere a sua vida e assuma o seu protagonismo em qualquer negócio em que atue.

Por fim, aproveite esse grande motor propulsor de "braçadas" de sucesso chamado família. Nós fazemos vários investimentos fora de casa, mas os grandes valores que aprendemos dentro dela devem ser

Quem reclama perde; quem agradece ganha

levados para a vida, mesmo os difíceis, que nos amadurecem, nos dão resiliência. Contar com o apoio dos seus laços de afeto é uma força a mais para ser uma pessoa e um profissional melhor para sua equipe, seus clientes, seu negócio. Não importa o que aconteça durante o dia, você sempre poderá voltar para esse porto seguro que tem o seu sobrenome.

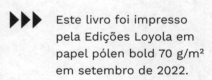 Este livro foi impresso pela Edições Loyola em papel pólen bold 70 g/m² em setembro de 2022.